Claudia Holl

Kochen für die Seele

Claudia Holl,
geb. 1963 in Braunau/Inn,
selbstständig im emotionalen Stressabbau tätig seit 1999. Abgeschlossene Ausbildung in Kinesiologie – Three In One Concepts – in Rebalancing Familiysystems und in Jin Shin Jyutsu. TCM-Ausbildung bei Dr. Florian Ploberger. Seit einigen Jahren spiritueller Weg mit Gebet und täglicher Meditation. Claudia Holl sieht es als ihre Berufung, Menschen auf ihrem Weg zu begleiten, Blockaden zu lösen und sie in ihr Herz zu führen. Dabei gilt es, mehrere Wege zu beschreiten, unter anderem unbedingt auch jenen der Ernährung.
Eine fortschreitende Herzens-Bewusstseinsbildung verlangt immer auch eine entsprechende Ernährung.

Claudia Holl

Kochen für die Seele

Rezepte der österreichischen Küche. Gekocht nach der 5-Elemente-Lehre.

Rezeptangaben für 2 Personen

木 火 土 金 水

freya

Inhalt

Frühstück

Suppen

Hauptspeisen

Getreide

Beilagen

Salate

Nachspeisen

Vorwort

Die „Traditionelle Chinesische Medizin" (TCM) erlebt derzeit im Westen einen ungemeinen Aufschwung. War es zu Beginn hauptsächlich die Akupunktur, die ihre Verbreitung gefunden hat, so ist es nun neben der traditionellen Pharmakologie vor allem das Wissen um die Ernährung nach den 5 Elementen. Dieses Wissen besitzt in China sogar eine längere Tradition (3000 Jahre) und einen größeren Stellenwert als die Akupunktur.

Ursprünglich war es so, dass ein Arzt bzw. ein Therapeut seinen Klienten zu Beginn Verhaltens- und Ernährungsempfehlungen gegeben hat, und nur wenn diese nicht den erwünschten Erfolg gebracht haben, wurden weitere Methoden, wie beispielsweise Akupunktur, Kräutertherapie, etc. angewendet.

Das Wissen um die Wirkung verschiedener Lebensmittel sowie deren Kombinationen ist in China weit verbreitet. Jedem Lebensmittel wird ein Geschmack, eine Organzuordnung, eine thermische und eine spezielle Wirkung zugeschrieben. So können Speisen individuell, den Bedürfnissen jedes Einzelnen entsprechend, zubereitet werden.

Ich freue mich sehr darüber, dass es meiner befreundeten Schülerin, Claudia Holl, in intensiver Arbeit mit viel freudvollem Engagement gelungen ist, für viele Interessierte das vorliegende Buch „Kochen für die Seele" zu verfassen.

Möge dieses Werk mit seinen Fotos und schmackhaften Rezepten die Menschen bei ihrer Sehnsucht nach Gesundheit inspirieren und den Weg zu wirklicher Gesundheit bahnen.

Anbei ein Zitat von Paracelsus (1493-1541), das ich allen Lesern widmen möchte:
"Der Arzneien höchste ist die Liebe."

Ich wünsche Ihnen viel Freude beim kreativen Kochen und Genießen!

Herzlichst
Dr. med. univ.
Florian Ploberger B. Ac., BA
Wien, im April des Erde-Stier-Jahres (2009)

Einleitung

Kochen, ja, das tat ich immer schon gern. Schon als Kind faszinierte es mich, meiner Oma dabei zuzusehen, wie aus einer formlosen, nicht gerade ansprechenden „Masse" auf einmal wunderbar schmeckende, flaumige Grießnockerl wurden. Ich liebe den Duft gut zubereiteten Essens und bin selbst eine leidenschaftliche Genießerin jeglicher Gaumenfreuden.

Außerdem hatte ich immer den nicht von der Hand zu weisenden Vorteil, alles essen zu können, was ich wollte, ohne Gewicht zuzulegen. Ich bin eine kleine, zierliche Frau, besser gesagt, ich war es bis zu dem Zeitpunkt, als ich aufgrund eines Kinderwunsches mit einer Hormonkur begann.

Hormone ließen mein Gewicht innerhalb eines halben Jahres um 15 kg in die Höhe schnellen – für mich, bei einer Körpergröße von 158 cm, eine Katastrophe. Essen war kein Genuss mehr, sondern zur Sucht geworden!

Viele Ernährungsrichtungen, wie z. B. Trennkost, vegetarisch, vegan ... habe ich ausprobiert. Keine war für mich wirklich befriedigend. Bis ich 1990 „zufällig", noch bevor ich zur Kinesiologie kam, bei einer TCM-Ernährungsberaterin „landete".

Vieles, was diese mir damals sagte, war einleuchtend, vieles für mich ein spanisches Dorf. Dass Lebensmittel auch ein „Eigenleben" hätten, wie z. B. der Knoblauch, der nicht nur scharf, sondern auch die Lunge austrocknend sei, war mir nicht bekannt. Und dann erst, dass man die Speisen in einer gewissen Reihenfolge zubereiten sollte, damit sie bekömmlicher und zusätzlich noch energetisiert wurden – das war mir damals einfach zu viel!

Heute leben mein Mann und ich danach – 300 Tage im Jahr. Urlaubszeit, Einladungen, Geschäftsessen – da wird einfach „ganz normal" gespeist. Doch beide merken wir, mittlerweile sensibilisiert, dass die Wahl der Lebensmittel, z. B. ob Bio oder nicht, ob in Reihenfolge gekocht oder nicht, sich auf den Geschmack der Speisen und auf unser Wohlbefinden auswirkt.

Gleichzeitig haben sich bei mir auch die durch die Hormone zugesetzten Kilos Schritt für Schritt verflüchtigt – ein tolles Gefühl!

Dieses „wunderbare" Gefühl wünsche ich Ihnen auch.

Unsere 4 Quellen der Energie

Die Ernährung nach den 5 Elementen ist ein Teilbereich der chinesischen Medizin. Hier geht man davon aus, dass die Niere der Sitz der Kraft ist. Sie beherbergt jene Energie, die Sie von Ihren Eltern mitbekommen. Nach Ihrer Geburt müssen Sie selbst für Ihren Energiehaushalt Sorge tragen:

- durch einen ausgeglichenen Lebenswandel: denn negativer Stress belastet Ihre Nierenenergie (Stresshormone!!)
- durch eine energiezuführende, Ihnen entsprechende Ernährung
- durch gute Atmung
- durch ein Umfeld, in dem Sie sich wohl fühlen und sich entfalten können
- durch ausreichende Bewegung, damit die Lebensenergie Qi in Ihnen bewegt wird

Wichtig ist, die Nierenenergie durch die anderen Energiezufuhrmöglichkeiten zu unterstützen, damit sie Ihnen so lange als möglich erhalten bleibt. Ist sie verbraucht, dann „geht" der Mensch.

zur Ernährung ...

Nahrung muss Sie in erster Linie nähren. Es sollten so viel frische Lebensmittel wie möglich, bevorzugt Bio, in Ihrer Küche Einzug halten. Auch das Würzen mit Kräutern entspricht dem Kochen nach den 5 Elementen. Dadurch können Salz und Zucker sparsam verwendet werden.

... von der Natur – mit der Natur!

In der 5-Elemente-Ernährung gehen wir mit den Zyklen der Natur. So wie auf den Frühling der Sommer folgt und wir entsprechend unsere Kleidung verändern, sollten wir auch unsere Essgewohnheiten der Jahreszeit anpassen.

5 Jahreszeiten – 5 Elemente

Dieser Zyklus der Natur ergibt sich aus der Lebensenergie Qi, die im Frühling stärker vorhanden ist, wo alles zu sprießen beginnt, die Natur scheinbar „explodiert".

Bis diese Energie schließlich vom Frühling in den Sommer, in die Blütezeit übergeht, danach in die Erntezeit = Spätsommer (= die 5. Jahreszeit!).
Nach der Erntezeit schließt der Herbst auf, wo sich die Lebensenergie Qi langsam aus den Pflanzen zurückzieht, sichtbar an verwelkenden, sich verfärbenden Blättern, bis sie sich schließlich im Winter ganz aus der Pflanze in ihre Wurzeln zurückzieht, sich sammelt, um der Kälte standzuhalten, und im Frühjahr erneut wieder zu kommen.

Jeder Jahreszeit entspricht jeweils ein Element

Frühling	=	Element Holz
Sommer	=	Element Feuer
Erntezeit	=	Element Erde
Herbst	=	Element Metall
Winter	=	Element Wasser

Diese Lebensenergie Qi, die wir in der Natur finden (= Makrokosmos), fließt auch in unserem Körper (= Mikrokosmos), und zwar in Energieleitbahnen, den sogenannten Meridianen. Diese durchziehen unseren Körper wie ein feines Netz, vergleichbar den Adern.
In den Energieleitbahnen = Meridianen sollte unsere Energie frei fließen, dann fühlen wir uns wohl und sind gesund. Energetische Ungleichgewichte, seien es körperliche Überanstrengung, falsche Ernährung oder emotionaler Stress bedingen, dass die Energie in unserem Körper nicht mehr frei fließen kann. Sie fließt entweder zu schnell, zu langsam oder stagniert. Zu spüren bekommen wir dies zum Beispiel durch Verspannungen, Sodbrennen, Blähungen, Verdauungsschwierigkeiten, Schlafstörungen ...

Jeder dieser Meridiane trägt bei uns im Westen den Namen eines Organs. So gibt es z. B. den Magenmeridian, den Milzmeridian, den Blasenmeridian, den Herzmeridian, usw.
Der Meridian versorgt das entsprechende Organ und dazugehörige Muskeln und Nerven mit Energie. Kurzfristige energetische Unter- oder Überversorgung kann unser Körper leicht ausgleichen. Bei länger andauernden Ungleichgewichten jedoch benötigt er Unterstützung.
Zusätzlich besitzt jeder Meridian eine bestimmte energetische Flussrichtung:

aufwärts = Yang
abwärts = Yin

Sie sorgen durch ihr Auf und Ab für die Bewegung der Lebensenergie Qi.

Ein absteigender Meridian gibt seine Energie weiter an einen aufsteigenden, dieser wiederum an einen absteigenden, u.s.w.

Alle Meridiane arbeiten, wie auch unsere Organe, für 24 Stunden am Tag. Sie teilen sich jedoch die Arbeit auf. So gibt es für jeden Meridian eine sehr aktive und eine sehr schwache Zeit.

Unser Magen bzw. der Magenmeridian arbeitet z. B. von 7 bis 9 Uhr morgens am meisten. Laut chinesischer Medizin wäre es also zu dieser Zeit ratsam, wirklich gut und ausreichend zu essen. Abends, zur gegenüberliegenden Zeit, also von 19 bis 21 Uhr arbeitet unser Magen am schwächsten. Genau hier nimmt jedoch die arbeitende Bevölkerung gern ihr wohlverdientes Mahl zu sich. Fazit: Das Abendessen bleibt im Magen liegen. Die Folgen sind schlechter Schlaf, ungenügende Entgiftung durch die Leber, da diese mit der Verdauung, statt mit der Entgiftung beschäftigt ist, schlechter Stuhl. Das können die Folgen sein, wenn wir nicht mit dem Zyklus der Natur, also auch nicht mit unserem eigenen Zyklus, gehen. Die Energie, die wir abends aus dem Essen

Merídíanuhr

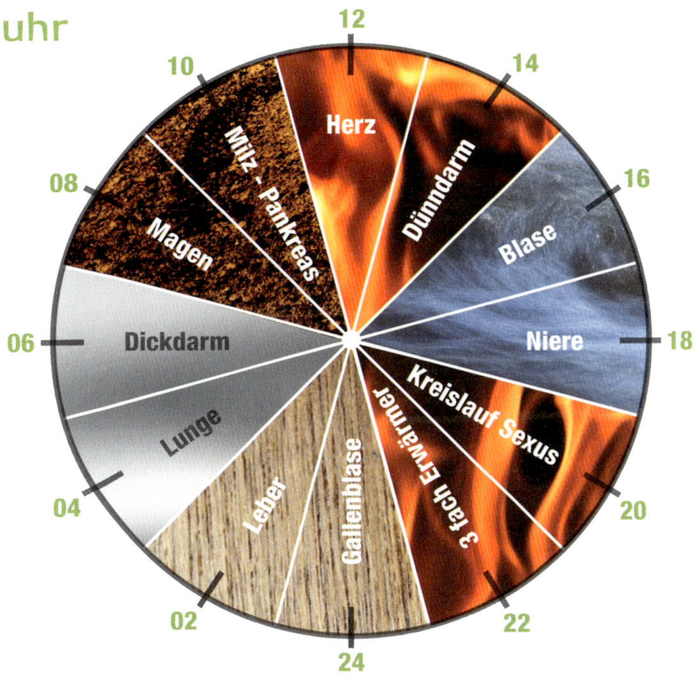

gewinnen, sollten wir für die Aktivitäten des Tages zur Verfügung haben. Im Schlaf benötigen wir keine Energie, sondern wir sollten uns regenerieren!

Gleichgewicht zwischen YIN und YANG

Grundprinzip und Gesetz der Natur

Stellen Sie sich einen Regentropfen vor, der vom Himmel fällt. Das ist YIN. Yin ist immer ein Nach-unten-Kommen, ein Ausatmen, ein Loslassen, ein Sich-entspannen-Können.
Der Regentropfen nach oben, also wenn die Wärme das Wasser als Dunst zum Aufsteigen bringt, das ist YANG. Yang ist immer Energie, Aktivität, Wärme, Einatmen.

Der Tag entspricht demnach Yang
= Aktivität
Die Nacht Yin
= Entspannung/Regeneration.

So wie in der Natur ein Gleichgewicht zwischen Regen und Sonne herrschen muss, ist dieses Gleichgewicht auch in uns erforderlich, damit wir uns wohl fühlen, über ausreichend Energie verfügen und gesund sind. Bei einem Ungleichgewicht zwischen Yin und Yang, wenn eins der beiden überhand nimmt, geht es uns nicht gut. Dazu ein Beispiel:

Stellen Sie sich vor, es regnet Tage um Tage, Wochen um Wochen.
Regen = Yin, also Entspannung, Säfte aufbauen ... Ist ja schön und gut. Aber was, wenn es zu viel wird? Genauso wie in der Natur die Bäche und Flüsse über die Ufer treten und alles überschwemmen passiert es auch in unserem Körper.
Yin-fördernde Lebensmittel = kühle und kalte Lebensmittel (siehe Tabelle) wie z. B. Tiefkühlkost, zu viel Rohkost, zu viele Milchprodukte oder kalte Jausen führen zu einem Überschuss an Yin. Mögliche Folgen: Substanzaufbau, schlechte Verdauung, Kälteempfinden, geringe Konzentration, Müdigkeit, wenig Energie, Wasseransammlungen.

Und nun zum anderen Szenario: Stellen Sie sich vor, es ist Sommer und regnet wochenlang nicht. Die Erde trocknet aus, wird rissig, die Pflanzenwelt verliert ihren Glanz und lässt die Blätter und Blüten hängen. Genau das gleiche passiert in unserem Körper, wenn wir zu viel Yang-fördernde Speisen zu uns nehmen. Damit meine ich Gebackenes, Gegrilltes, Alkohol, Drogen, zu viele warme Lebensmittel und heiße Gewürze (siehe Tabelle). Yang fördernd ist auch ein stressiger Lebenswandel mit zu wenig Schlaf. Damit trocknen wir unseren Körper aus, wir verlieren Substanz (was teilweise wünschenswert sein mag). Wir haben zwar viel Energie, sind jedoch leicht gereizt, neigen zu Hitzeschüben, vollem Kopf und Verspannungen.

Ernährung trägt wesentlich zu einem Gleichgewicht zwischen Yin und Yang bei! Wenn Sie die Lebensmittel gemäß ihrer Wirkung einsetzen, schaffen Sie diesen Ausgleich. Sie leisten damit einen wichtigen Beitrag zu Ihrem Wohlbefinden.

Bereits beim Kochvorgang selbst können Sie dieses Wissen einsetzen.

Yinisieren [Kühlen] - Yangisieren [Wärmen]

Damit können Sie kalte Lebensmittel wärmen und wärmende Lebensmittel kühlen:

Yin-fördernd = kühle und kalte Lebensmittel
Yang-fördernd = warme und heiße Lebensmittel
Yin- und Yang-fördernd = neutrale Lebensmittel

YINISIEREN

- das Kochen im Wasserbad, im Dämpfer, in Milch- oder Essigwasser
- kurz Gekochtes fördert das Yin

YANGISIEREN

- das Kochen im Wok, kurzes Anbraten, flambieren oder grillen
- lang Gekochtes fördert das Yang

Im „Anpassen" an die Jahreszeiten ergibt sich automatisch ein gewisser Schutz.

- im Winter warm halten, wärmend essen = Yangisieren.
- im Sommer den Körper kühlen, kühlend essen = Yinisieren.

Wie mache ich es richtig?

Nehmen wir als erstes Beispiel einen Topfenkäse-Aufstrich. Topfen ist kühl bis kalt, nährt dadurch das Yin. Als Ausgleich zum Yang des Sommers wäre also ein Topfenkäse-Aufstrich im Sommer optimal. Um jetzt allerdings die Kälte des Topfens etwas auszugleichen, gebe ich eine Prise Paprika, etwas fein geriebenen frischen Ingwer, einige frische Löwenzahnblätter, fein geschnitten, etwas selbst gezogene Kresse (Fensterbank!), 2 bis 3 frisch gemörserte Fenchelkörner und klein geschnittenen Schnittlauch dazu. Und schon wird aus dem kalten Topfenkäse-Aufstrich ein neutrales bis kühlendes Sommergericht!

Noch ein Beispiel

Nehmen wir eine Tomate. Die Tomate ist thermisch kalt, fördert also das Yin. Tomaten wachsen im Sommer bei uns, sie gleichen die sommerliche Hitze im Außen mit innerlicher Kühle aus. Wenn die Temperaturen bei uns nicht an den Sommer erinnern, die Tomaten aber trotzdem in üppiger Fülle an den Stauden hängen – was tun? Ganz einfach: zu einer Tomatensoße umfunktionieren. Durch das Schneiden und Erwärmen der Tomaten führen Sie Yang zu. Wenn Sie nun auch noch mit frischem Basilikum und Oregano würzen verbessert das nicht nur den Geschmack, sondern macht in Kombination mit dem Kochen aus der kalten Tomate eine kühlende bis neutrale Tomatensoße.

Dieses „Anpassen" ist auch wichtig für Sie selbst. Neigen Sie zu Hitzezuständen wäre es ratsam, sich eher kühlend bis neutral zu ernähren, mit dem Dämpfer zu kochen und heiße Lebensmittel bzw. Gegrilltes und Gebackenes zu meiden. Bei Kältezuständen gilt genau das Gegenteil. Meiden Sie zu viel Rohkost, Tiefkühlkost, kühlende und kalte Lebensmittel und bauen Sie statt dessen durch Anrösten, langes Kochen, wärmende Kräuter und Gewürze, wärmende Zutaten langsam Wärme auf! Nicht sofort mit heißen Lebensmitteln hineingehen, das würde nur ein kurzes Feuer verursachen, das zusätzliche Lebensenergie Qi verpuffen lässt. Langsam, aber stetig, in Ihrem Tempo und im Tempo Ihres Körpers ...

5 Elemente und zugehörige Organe/Meridiane –

5 Jahreszeiten – 5 Geschmäcker und ihre energetische Wirkung

HOLZ Frühling sauer 木	wirkt adstringierend, sammelt, zieht zusammen und bewahrt die Energie
	zugehörige Organe/Meridiane: Leber und Gallenblase **Lebensmittel:** Zitrone, Orange, Essig, Sauerkraut …
FEUER Sommer bitter 火	trocknet und bewegt die Energie nach unten (absenkend), unterstützt damit die Verdauungsfunktionen, leitet oben steckendes nach unten
	zugehörige Organe/Meridiane: Herz und Dünndarm, Kreislauf-Sexus und Dreifach-Erwärmer **Lebensmittel:** Kaffee, Rucola, Chicoree …
ERDE Erntezeit süss 土	entspannt und bewegt die Energie nach oben, baut Qi auf
	zugehörige Organe/Meridiane: Magen und Milz/Pankreas **Lebensmittel:** Karotte, Fenchel, Kürbis …
METALL Herbst scharf 金	zerstreut und verteilt die Energie nach außen
	zugehörige Organe/Meridiane: Lunge und Dickdarm **Lebensmittel:** Knoblauch, Lauch, Zwiebel, Ingwer …
WASSER Winter salzig 水	kühlt und weicht auf, mit nach unten gerichteten Wirkkraft
	zugehörige Organe/Meridiane: Niere und Blase **Lebensmittel:** Salz, Meeresfrüchte, Fisch, Hülsenfrüchte …

Jedes Lebensmittel verfügt über einen bestimmten Geschmack. Dieser Geschmack ordnet es bestimmten Elementen zu. Und, um noch tiefer zu gehen, zu jedem Element gehören auch bestimmte Organe bzw. Meridiane. Wenn Sie dies alles zusammenfügen, ergibt sich folgendes: Bringen wir in einem Gericht den Zyklus der Natur, nämlich Frühling = Holz = sauer, Feuer = Sommer = bitter, Erde = Spätsommer = süß, Metall = Herbst = scharf und Wasser = Winter = salzig zusammen und achten gleichzeitig noch auf ein Gleichgewicht zwischen wärmenden und kühlenden Lebensmitteln (Ausgleich Yin und Yang), versorgen wir den Körper optimal!

5 Elemente - 5 Emotionen und ihre Wirkung auf unseren Körper

Haben Sie sich schon einmal große Sorgen gemacht und es schnürte Ihnen dabei den Magen zu, so dass Sie nichts essen konnten? Oder stehen Sie unter Dauerstress, die Gedanken kreisen um so vieles, was zu Organisieren wäre, und auch hier verspüren Sie nicht einmal den Hauch von Hunger? Oder es passiert genau das Gegenteil und Sie könnten in solchen Fällen essen, essen, und wieder essen, vor allem auch Süßes?

Was passiert in Ihrem Körper? Ihre Emotionen beeinflussen Ihren Organismus. Welche Emotionen können sich wo auswirken:

Wut, Frust und fehlende Durchsetzungskraft:
Leber und Gallenblase
(= Element Holz)

Übermäßige Freude (Hysterie), aber auch fehlende Freude:
Herz und Dünndarm
(= Element Feuer)

Sorgen und Stress:
Magen und Milz (= Element Erde)

Kummer und Trauer:
Lunge und Dickdarm
(Element Metall)

Angst und Unsicherheit:
Niere und Blase (= Element Wasser)

Es kann sein, dass ein energetisch geschwächter Meridian und das zugehörige Organ diese Emotionen hervorrufen. Aber auch zu viele intensive, unverarbeitete Emotionen können ein energetisches Ungleichgewicht in Ihnen und Ihrem Organismus zur Folge haben. Es ist alles eins ... Es gehört alles zusammen und kann nicht voneinander getrennt werden.

- **Bewusster Mensch**
- **Bewusster Geist**
- **Bewusste Ernährung**

Das Kochen nach den 5 Elementen erfordert zu Beginn meist viel Konzentration. Doch – Kochen haben Sie ja auch nicht an einem Tag gelernt, sondern es durfte wachsen, durch Erfahrung, Versuche, Ausprobieren, Scheitern und Erfolg.

Die Aufmerksamkeit und die Liebe, die Sie beim Kochen investieren, dürfen Sie als Draufgabe beim Genießen der Speisen mitverzehren! Die eingesetzte Energie kommt Ihnen also sofort wieder zugute! Eine gute Investition!

Ihr Geschenk

- gesteigerte Vitalität
- gestärktes Immunsystem
- Ausgleich von Hitze- und Kältezuständen
- das Wunschgewicht wird sich Schritt für Schritt einstellen. Aus einem zu wenig wird mehr und aus einem zu viel wird weniger
- gesteigerte geistige Aktivität und klareres Denken
- Reinigung/Entschlackung des Körpers, des Geistes und der Seele

Kennzeichnung der Lebensmittel

Kaufen Sie sich bunte Punkte zum Kleben (erhältlich im Bürofachhandel bei den Etiketten, Abziehbildern).
Nehmen Sie Ihre Lebensmittel samt der Lebensmittelliste und kleben Sie grüne Punkte auf Holz-Lebensmittel, rote Punkte auf Feuer-Lebensmittel und so fort. Das erleichtert Ihnen zumindest für den Anfang das mühsame Suchen in der Lebensmitteltabelle. Sie wissen dann sofort, zu welchem Element das Lebensmittel gehört und brauchen nur mehr nachzusehen, ob es wärmend, kühlend oder neutral wirkt. Mit der Zeit werden Sie es auswendig wissen.
Das Umsetzen bringt es ...

Kochen Sie Getreide bzw. Frühstück vor

Getreidefrühstücke lassen sich wunderbar vorbereiten. Kochen Sie einfach eine größere Menge z. B. von Bulgur- oder Hirse-Frühstück, geben Sie es in den Kühlschrank und wärmen Sie es am nächsten Morgen mit etwas Flüssigkeit (Wasser oder Kompott) auf. Geben Sie die Früchte Ihrer Wahl dazu – fertig. Das vorgekochte Getreide hält sich im Kühlschrank 2 bis 3 Tage.

Milchprodukte

Sie finden einige Rezepte mit Milchprodukten. Gehen Sie damit vorsichtig um. Warum? Milchprodukte können bei manchen Menschen Schleim verursachen. Die Folge wäre, dass die Lebensenergie Qi schwerer zirkuliert, Nase und Lunge können verschleimen, Müdigkeit, Verdauungsschwäche oder Allergien können auftreten. Abhängig ist dies natürlich von Ihrer eigenen Konstitution. Maßvoll genossen und mit Gewürzen und Kräutern zubereitet bereichern Milchprodukte unsere Küche. Berücksichtigen Sie dies bei Ihrem Speiseplan und beim Zubereiten.

Soja-Produkte, Getreidemilch-Produkte

Wenn Sie Milch generell weglassen wollen, weil Sie diese nicht vertragen, bilden Sojaprodukte aus dem Bioladen (gentechnikfrei) eine wertvolle Alternative. Aber auch Hafer-, Reis- oder Gerstenmilch und Hafer-Cuisine können Sie statt der angegebenen Milchprodukte gut verwenden. Ein Tiramisu, zum Beispiel mit Seidentofu, ist eine wohlschmeckende Alternative zu einem mit Mascarpone.

Bewegung

Das Leben ist Bewegung und Bewegung ist Leben! Sorgen Sie für ausreichende Bewegung, damit die Lebensenergie Qi in Ihnen in Bewegung bleibt ...

Fehlende Getreidemühle

Häufig finden Sie in meinen Rezepten verschiedene Getreidesorten, zu Mehl vermahlen. Gerade die Vielfalt hilft uns und unserem Körper, flexibel zu bleiben und die verschiedenen Nährstoffe und Wirkungen aus der Nahrung aufzunehmen. Günstig für die frische Mehlzubereitung sind Getreidemühlen. Allerdings mahlen die meisten Bioläden frisches Mehl und auch eine alte Kaffeemühle leistet wertvolle Dienste, wenn Sie nicht gleich in eine teure Getreidemühle investieren wollen.

Tipp:
Mahlen Sie kleine Mengen! Die Vitamine im Mehl sind nach drei Tagen abgebaut!

Suppenwürze

Als Suppenwürze verwende ich ein biologisches Fertigprodukt nach dem Rezept von Hildegard von Bingen. Sie enthält zusätzlich Galgant und schmeckt damit gehaltvoller. Sie enthält keine Hefe und kein Glutamat und auch keinen Zucker. Zudem gibt sie guten Geschmack. Sie können aber natürlich auch jede andere Suppenwürze verwenden oder nur mit Kräutern würzen. Achten Sie auf hochwertige Qualität.

Heimische Lebensmittel

Verwenden Sie nach Möglichkeit heimische Lebensmittel. In der Nähe gewachsenes besitzt genau jene thermischen und energetischen Wirkungen, die wir benötigen, um unser Gleichgewicht aufrecht erhalten zu können bzw. uns wieder ins Gleichgewicht zu bringen. Am besten sind natürlich Lebensmittel aus biologischem oder biologisch-dynamischem Anbau. Sie besitzen einfach eine andere Energie, die Sie sich wiederum zuführen. Bedenken Sie: Alles ist Energie! Achten Sie auch auf die Frische von Obst und Gemüse. Je knackiger und glänzender, desto mehr Qi!

Ausgeglichenheit zwischen YIN und YANG

Vermeiden Sie Extreme. Essen oder trinken Sie weder zu viel noch zu wenig, weder zu heiß noch zu kalt (siehe Nahrungsmitteltabelle). Essen Sie ausgewogen, abwechslungsreich und von allen Geschmacksrichtungen etwas. Dies ist ein wunderbarer Einstieg, wenn es Sie anfangs stresst, in der Reihenfolge der 5 Elemente zu kochen. Step by step ...

Regelmäßiges Essen

Essen Sie regelmäßig und häufig, dafür in kleinen Portionen. Bauen Sie warme Speisen mit ein. Regelmäßigkeit und warme Gerichte unterstützen Ihre Mitte, sprich Ihre Verdauungskraft. Nehmen Sie Ihr Essen in einer entspannten Atmosphäre zu sich und nehmen Sie sich genügend Zeit. Genießen Sie Ihre Mahlzeit. Nehmen Sie den Geschmack der Speisen wahr und schmecken Sie bewusst einzelne Aromen von Kräutern und Gewürzen. Servieren Sie Ihr Essen so, dass es auch Ihrem Auge gut tut.
Berufstätige nehmen sich entweder das Frühstück als Mittagessen mit zur Arbeit oder füllen eine Kraftsuppe oder andere Suppe in eine Thermoskanne und trinken sie über den Tag verteilt. So bekommen Sie zwischendurch auch immer etwas Warmes.

Trinken

Achten Sie auf ausreichende Flüssigkeitszufuhr in Form von Wasser oder ungezuckerten Tees. Im Normalfall braucht ein Erwachsener zwischen 1,5 und 2 l Flüssigkeit pro Tag. In Stresssituationen und bei Krankheit trinken Sie mindestens 1 l Flüssigkeit mehr. Sie unterstützen damit Ihren Körper bei der Verdauungsarbeit und beim Entgiften!
Aber: Trinken Sie wenig und nicht zu kalt zu den Mahlzeiten!

Unterstützend beim Aufbau und zur Stärkung von Magen und Milz hat sich „süßes" Wasser bewährt. Kochen Sie Wasser für etwa 20 Minuten und füllen Sie es danach in eine Thermoskanne. Trinken Sie dieses „süße" Wasser über den Tag verteilt, egal ob warm oder kalt – je nachdem, wie es Ihnen im Moment gut tut (durch das Kochen ist die Wärme bereits enthalten).

Saisonaler Speiseplan

Bewährt hat sich eine Ernährung, die hauptsächlich aus Getreide, Hülsenfrüchten und pflanzlichem Eiweiß besteht, ergänzt durch reichlich Gemüse und etwas Obst. Milchprodukte und tierisches Eiweiß kommen in Maßen auf den Tisch, ebenso Fette, Öle und Süßigkeiten. Versuchen Sie Fast Food, Tiefkühlkost, Mikrowellenzubereitung, Instantgerichte, industriell verarbeitete Nahrungsmittel und auch belegte Brote deutlich zu reduzieren oder ganz zu streichen. Verwenden Sie möglichst frische, unbelastete und naturbelassene Lebensmittel. Stellen Sie Ihren Speiseplan in Anlehnung an die Früchte der Jahreszeiten und nach dem aktuellen, frischen Angebot des Gemüsemarktes zusammen.

Kräuter, Gewürze und Mörser

Verwenden Sie so viele Kräuter und Gewürze wie möglich, egal ob frisch oder getrocknet. Bei getrockneten Kräutern gilt: Je aromatischer sie schmecken, desto besser wirken sie. Frische Kräuter sind nicht immer erhältlich. Achten Sie auch hier auf gute Qualität. In Bioläden gibt es eine hochwertige Auswahl an den verschiedensten Kräutern und Gewürzen.

Das persönliche Geschmacksempfinden bestimmt die Menge der Kräuter! Kräuter sehen nicht nur gut aus und verleihen einer Speise individuellen Geschmack, sie tragen auch wesentlich zur Verdauung und Verstoffwechselung bei und können ein kühlendes Gericht in ein neutrales oder wärmendes Gericht umwandeln (siehe Beispiel mit den Tomaten).

Wenn es Ihnen möglich ist, verwenden Sie einen Steinmörser und mörsern Sie Senfsamen, Fenchelsamen, Kardamom oder Wacholderbeeren frisch. Das Aroma und auch die Wirkung belohnen Sie dafür!

Kreuzallergien

Sollten Sie Rosinen (Sultaninen) in Kombination mit Haselnüssen nicht vertragen (dies oder ähnliches höre ich in meinen Ernährungstrainings) – kein Problem. Tauschen Sie die Sultaninen gegen andere Trockenfrüchte aus, z. B. Datteln. Schneiden Sie diese sehr klein und kochen Sie sie wie die Sultaninen mit. Sie können generell die Trockenfruchtmenge erhöhen und dafür weniger Agavendicksaft zugeben. Trockenfrüchte besitzen eine natürliche, intensive Süße. Dies erleichtert das langsame Umstellen von weißem auf natürlichen Zucker und reduziert den Heißhunger nach Süßem! Das wäre doch was ...

Zum Schluss

Stellen Sie Ihre Ernährung langsam um. Es ist viel wichtiger, die Umstellung mit Ihrem Alltagsleben vereinbaren zu können, als alles „Alte" sofort über Bord zu werfen, die Umstellung aber nicht lange durchzuhalten.
Eine Ernährungsumstellung zieht eine physische und emotionale Veränderung nach sich. Sie werden merken, dass alte Themen sich plötzlich verabschieden und neue Themen auftauchen.
Sie haben durch die Ernährungsumstellung mehr „Kraft", tiefer liegende Themen anzusehen und zu lösen – sehr gut!
Harn und Stuhl können sich verändern. Wundern Sie sich nicht, sondern nehmen Sie die Veränderungen wahr und freuen Sie sich. Ihr Körper und Ihre Seele beginnen, alte Schlacken abzustoßen.

Unterstützend können Sie die Ernährungsumstellung mit viel Trinken, Massagen, Darmreinigung, kinesiologischen Sitzungen oder Jin Shin Jyutsu-Heilströmen begleiten.

Sie befinden sich auf dem Weg zu einem neuen Bewusstsein!

Frühstück

BULGURFRÜHSTÜCK

Zutaten:

½ Tasse Bulgur | 1 Prise Koriander/Zimt/Kardamom | etwas Zitronensaft | getrocknete Pflaumen und Marillen (oder auch Feigen, Rosinen und Datteln), Walnüsse | Agavendicksaft | 1 EL Kokosflocken | 1 EL Sesam | 1 TL Kakao | getrocknete Früchte zerkleinern und mit den Walnüssen in etwas Wasser über Nacht einweichen

Zubereitung:

- ½ Tasse Bulgur [Hn] in einen Topf geben (= ca. 4 gehäufte EL)
- Herd einschalten [F] und Bulgur kurz anrösten
- Kokosflocken [Ew] zugeben
- mit Koriander, Zimt und Kardamom [Mw] würzen
- mit ½ Tasse heißem Wasser [W] aufgießen. Platte ausschalten und etwa 20 Minuten köcheln bzw. ziehen lassen
- etwas Zitronensaft [Hkü] und den Sesam [Hw], den Kakao [Fw] und die eingeweichten Früchte und Walnüsse samt Einweichwasser zugeben [Ew]
- zuletzt mit 2 bis 3 EL Agavendicksaft [Ew] süßen

Wirkung:

Stärkt und wärmt die Mitte, leicht verdaulich; durch die Trockenfrüchte ein Frühstück für die kühle und kalte Jahreszeit, aber auch bei Allergien!

Tipps:

Das Anrösten des Getreides bringt einerseits mehr Yang in das Gericht, lässt uns andererseits aber auch das Getreide viel besser verdauen! Deshalb ist es bei allen Getreidesorten ratsam.

Bulgur entsteht, wenn Weizenkörner gekocht, geschält, getrocknet und anschließend zu Granulaten (grob, mittel, fein) zerkleinert werden. Er schmeckt wunderbar als Beilage, z. B. als Reisersatz.

Aufguss mit heißem Wasser: Durch das Anrösten bringen Sie Wärme in das Gericht. Kaltes Wasser würde die Wärme löschen. Durch das heiße Wasser bleibt sie erhalten.

Zeichenbeschreibung:
H = Holz | F = Feuer | E = Erde | M = Metall | W = Wasser

Thermik der Nahrungsmittel:
n=neutral | w=warm | h=heiß | kü=kühl | ka=kalt ➲ z. B. Hkü = Holz kühl

ENGLISCHES FRÜHSTÜCK

Zutaten:

1 bis 2 EL Olivenöl | 6 bis 7 mittlere Champignons | 2 dünne Schnitten Ingwer | Meersalz | 50 g Schinken | 2 Tomaten | Prise Kurkuma und Paprika scharf | Prise Kerbel | Prise Basilikum | 2 Eier

Zubereitung:

- Herd einschalten [F]
- Olivenöl [Ekü] und blättrig geschnittene Champignons [Eka] ins warme Öl geben und mit fein geschnittenem Ingwer [Mw] durchrösten. Danach Champignons [Eka] mit Ingwer in der Pfanne etwas auf die Seite schieben,
- in die Mitte der Pfanne nudelig geschnittenen Schinken [Ww] geben und Eier [Wn] über den Schinken schlagen, salzen [Ww]
- blättrig geschnittene Tomaten [Hka] ebenfalls auf den freien Platz in die Pfanne geben
- mit Kurkuma [Fkü] und scharfem Paprika [Fw] alles fein würzen
- ebenso mit Kerbel [En]
- und abschließend mit Basilikum [Mw]
- mit getoastetem Dinkeltoastbrot oder Roggensauerteig-Brot servieren

Wirkung:

Stärkt das Nieren-Yang, deshalb empfehlenswert bei Erschöpfung.

Tipps:

Brot enthält normalerweise viel Feuchtigkeit und kann deshalb bei Verdauungsschwäche leicht zu Blähungen führen. Das Toasten des Brotes nimmt einen Teil der Feuchtigkeit, sodass es leichter verdaulich ist.

Roggen nährt und stärkt das QI und trocknet Feuchtigkeit.

Natursauerteig ist leichter verdaulich und führt deshalb zu weniger Blähungen.

Zeichenbeschreibung:
H = Holz | F = Feuer | E = Erde | M = Metall | W = Wasser

Thermik der Nahrungsmittel:
n=neutral | w=warm | h=heiß | kü=kühl | ka=kalt ➲ z. B. Hkü = Holz kühl

HIRSEFRÜHSTÜCK

Zutaten:

2 EL Hirse klein [heiß gewaschen] | 1 EL Sultaninen | 1 Zehe Sternanis, im Mörser zerstoßen | ¼ l warmes Wasser | 1 EL Sesam | 1 EL gemahlener Mohn | 1 Apfel | 1 EL Mandelsplitter oder Haselnüsse | 1 Banane | 2 EL Kokosflocken | Gerstenmalz

Zubereitung:

- Herd einschalten [F]
- gewaschene Hirse [En] in einen Topf geben, anrösten und Sultaninen zufügen [Ew]
- zerstoßenen Sternanis [Mh] dazugeben
- mit dem heißen Wasser [W] aufgießen
  Nun in dieser Reihenfolge zufügen:
- Sesam [Hw]
- Mandelsplitter oder Haselnüsse [Fw]
- gemahlenen Mohn [Fw]
- Kokosflocken [Ew] und Gerstenmalz [Ew]
- 10 bis 15 Minuten leicht köcheln lassen, den Herd ausschalten, etwa 5 Minuten nachquellen lassen und mit zerkleinerter Banane [Eka] und dem frischen Apfel [Ekü] vermengen

Wirkung:

Milz- und Magen-Qi stärkend, alkalisierend, Feuchtigkeit trocknend, wärmend, ein Frühstück für die kühle bis kalte Jahreszeit. Im Winter statt der frischen Früchte Kompotte oder Trockenfrüchte zufügen.

Tipps:

Bocksdornfrüchte können genau so wie andere Trockenfrüchte beim Frühstück mitgekocht werden. Bocksdornfrüchte nähren das Yin der Niere. Dies ist besonders wichtig für Frauen im Wechsel, aber auch bei Trockenheitszuständen z. B. der Haut und der Schleimhäute. Die Gojibeere unterstützt außerdem das Augenlicht. Ihr Geschmack ist süßlich neutral.

Sternanis wirkt erwärmend für die Mitte (Magen und Milz) und er tonisiert das Nieren-Yang. Das Gewürz „kontrolliert" das Öffnen und Schließen der Hautporen und ist deshalb wichtig für das Immunsystem!

Zeichenbeschreibung:
H = Holz | F = Feuer | E = Erde | M = Metall | W = Wasser

Thermik der Nahrungsmittel:
n=neutral | w=warm | h=heiß | kü=kühl | ka=kalt ➲ z. B. Hkü = Holz kühl

Tipps:

Leinsamen und Braunhirse:
Sie können zum Abschluss frisch geschroteten Leinsamen (geht gut mit einer alten Kaffeemühle) und gemahlene Braunhirse (gemahlen kaufen) zugeben!

Verschiedene Varianten, Ihr Gericht zu süßen:
Statt des Agavendicksafts eventuell Ahornsirup, Gersten- oder Reismalz verwenden. Es empfiehlt sich generell, zu variieren. Auch Honig von einem guten Imker ist wunderbar, da er bei Erschöpfung den Kräfteaufbau unterstützt.

POLENTAFRÜHSTÜCK

Zutaten:

2 EL Maisgrieß grob | 1 EL Sultaninen | 1 Prise Koriander, Zimt, Kardamom | Saft einer ½ Zitrone | 1 Apfel | 1 EL Mandelsplitter oder Haselnüsse | 1 Banane | 1 bis 2 EL Kokosflocken | Agavendicksaft | ¼ l heißes Wasser

Zubereitung:

- Herd einschalten [F]
- 2 EL Maisgrieß [En] in einem Topf anrösten
- Sultaninen zufügen [Ew]
- ebenso Koriander, Zimt und Kardamom [Mw]
- mit ¼ l heißem Wasser [W] aufgießen und 5 bis 10 Minuten köcheln lassen, öfters umrühren, währenddessen:
- etwas Zitronensaft [Hkü] zufügen
- ebenso Mandelsplitter oder Haselnüsse [Fw], fein gehackt
- Kokosflocken [Ew] und 2 bis 3 EL Agavendicksaft [Ew] beigeben
- den Herd ausschalten, die Banane [Eka] und Apfel [Hkü] kleingeschnitten zugeben und 5 Minuten durchziehen lassen

Wirkung:

Milz- und Magen-Qi stärkend, erfrischend durch die frischen Früchte, ein Frühstück für die warme Jahreszeit, das jedem gut tut.

Tipps:

Polenta ist ein nährendes Getreide. Deshalb ist es wunderbar einsetzbar bei Erschöpfungszuständen oder wenn man sich ausgezehrt fühlt. Aber auch bei nervöser Erschöpfung wird Polenta unterstützend eingesetzt, da er das Herz und den Geist beruhigt.

Obst und Nüsse:

Selbstverständlich können Sie statt des Apfels und der Banane auch Obst der Saison verwenden. Auch bei den Nüssen steht es Ihnen frei (z. B. bei Kreuzallergie), zu variieren. Die meisten Nusssorten gehören zum Element Feuer bzw. Erde.

Zeichenbeschreibung:
H = Holz | F = Feuer | E = Erde | M = Metall | W = Wasser

Thermik der Nahrungsmittel:
n=neutral | w=warm | h=heiß | kü=kühl | ka=kalt ➲ z. B. Hkü = Holz kühl

QUINOAFRÜHSTÜCK

Zutaten:

125 ml Quinoa | 1 EL Öl | 1 EL Biosuppenwürze | 2 bis 3 Lorbeerblätter | 4 bis 5 feine Schnitten frischen Ingwer | je 1 Prise Petersilie und Basilikum | 2 Karotten | ½ Zucchini | 100 g Champignons | 1 kleine Knolle Fenchel | 2 bis 3 Frühlingszwiebeln | ½ roter Paprika (oder Gemüse der Saison nach Geschmack) | Sojasoße | 1 bis 2 EL Salzsole | 1 Prise Kurkuma und Paprika süß | ¼ l heißes Wasser |

Zubereitung Quinoa:

- Herd einschalten [F]
- Quinoa [En] kurz anrösten
- Lorbeerblatt [Mw] beigeben
- mit heißem Wasser [W] aufgießen
- Biosuppenwürze [Hn] beigeben – ca. 30 Minuten köcheln lassen und gelegentlich umrühren (kann am Vorabend vorbereitet werden); etwas nachziehen lassen

Zubereitung Quinoafrühstück:

- Herd einschalten [F]
- etwas Olivenöl [Ekü]
- fein geschnittene Champignons [Eka], Fenchel [Ew], Zucchini [Ekü], roten Paprika [Ekü], Karotten [En] kurz anrösten
- frischen, klein gehackten Ingwer [Mw] und Frühlingszwiebeln [Mw] miträsten
- mit etwas Salzsole löschen [Wn], nach Geschmack auch etwas Sojasoße [Wkü]
- Quinoa [Hn] unterheben, fein geschnittene Petersilie [Hn] dazugeben
- dann fein geschnittenes Basilikum [Fw], nach Geschmack noch etwas Kurkuma [Fkü] oder getrocknetes Basilikum [Mw] (Basilikum bereits mit Ingwer und Frühlingszwiebeln zugeben)
- zuletzt kommt noch die Prise Paprika süß [Ew]

Tipp:

Quinoa war das Korn der Inkas. Es enthält sehr viel Eisen und ist zudem ein wertvoller Eiweißlieferant. Sollten Sie das Korn als zu bitter empfinden, waschen Sie es vor dem Zubereiten mit heißem Wasser (wie Hirse).

... schmeckt auch als Mittags- oder leichte Abendmahlzeit.

Wirkung:

stärkt und wärmt die Mitte und die Nieren, gibt Kraft und ist leicht verdaulich

Zeichenbeschreibung: H = Holz | F = Feuer | E = Erde | M = Metall | W = Wasser
Thermik: n=neutral | w=warm | h=heiß | kü=kühl | ka=kalt ➲ z. B. Hkü = Holz kühl

SÜSSREIS-FRÜHSTÜCK

Zutaten:

125 ml Mochireis (= Süßreis) | ¼ l heißes Wasser | 1 bis 2 EL Sultaninen | 1 EL Reismalz (od. Agavendicksaft) | 1 starke Prise Zimt | 1 EL Sesam | 1 Prise Kakao | 1 bis 2 EL Kokosflocken

Süßreis:

- Herd einschalten [F]
- Sultaninen [Ew] und Süßreis [En] oder Vollkornreis [Mw] zugeben, mit Zimt [Mh) kurz durchrösten
- mit heißem Wasser aufgießen und etwa 30 Minuten leicht köcheln lassen
- Sesam [Hw]
- Kakao [Fw]
- Reismalz [Ew] und Kokosflocken [Ew] zugeben
- weitere 15 Minuten köcheln und nachziehen lassen
- nach Belieben Menge aufteilen (reicht für ca. zwei Tage) und mit Äpfeln [Ekü] und Bananen [Eka] servieren. Falls gewünscht können Sie auch Nüsse zufügen. Am nächsten Tag den Rest mit etwas Wasser wärmen und Obst zugeben.

Wirkung:

stärkt und kühlt die Mitte und die Lunge, ist befeuchtend, deshalb hilfreich bei Verstopfung oder trockener Haut.

Tipps:

Sie können auch ganz normalen Vollkornreis verwenden, wenn Süßreis nicht im Haus ist.
Rundkornreis stärkt die Mitte, Langkornreis die Lunge.

Sesam stärkt die Nieren und die Leber, nährt Yin und die Essenz Jing. Er kräftigt alle Organe und befeuchtet (deshalb ev. vor Gebrauch anrösten).

Schwarzer Sesam wirkt noch intensiver auf die Essenz Jing und hilft auch z. B. bei Rückenschmerzen.

Zeichenbeschreibung:
H = Holz | F = Feuer | E = Erde | M = Metall | W = Wasser

Thermik der Nahrungsmittel:
n=neutral | w=warm | h=heiß | kü=kühl | ka=kalt ➲ z. B. Hkü = Holz kühl

Suppen

Tipp:

Das Grundrezept können Sie als Grundlage für weitere Suppen verwenden. Kochen Sie das vorhandene oder gewünschte Gemüse mit, pürieren Sie es und verfeinern anschließend mit etwas Sahne, Rahm oder Soja-Cuisine.

Die Suppenbasis hält im Kühlschrank einige Tage.

GEMÜSEKRAFT-SUPPE, neutral

Zutaten: für 3 l Suppe, gekocht in einem 6,5-l- Kelomat

3 EL Grünkern | 3 EL Roggen | 4 Karotten | 1 kleine Sellerieknolle | 1 Zwiebel mit Schale | 1 Kohlrabi | 1 weißer Rettich | 1 Stück frischer Ingwer | 1 Stange Lauch | je 1 TL Bohnenkraut, Basilikum, Kurkuma, Fenchel (Gewürz oder Knolle) | Petersilie und Petersilwurzel | 5 bis 6 Wacholderbeeren | 3 EL Meersalz

Zubereitung:

- 3 l Wasser [W] mit
- Grünkern [Hn]
- und Roggen [Fn] zum Kochen bringen [Fn],
- Karotten zugeben [En]
- Sellerie (mit dem Grün, wenn vorhanden) [Mn], Kohlrabi [Mkü] und weißen Rettich [Mn], Bohnenkraut [Mw], getrocknetes Basilikum [Mw], Lauch [Mw], Ingwer mit der Schale [Mw] und Zwiebel mit der Schale [Mkü] nacheinander in die Flüssigkeit geben
- 3 EL Meersalz zugeben [Ww]
- anschließend noch Petersilie bzw. Petersilwurzel [Hn] zufügen
- Wacholderbeeren [Fh], Kurkuma [Fkü] und Fenchel [Ew] beimengen und 2 bis 4 Stunden köcheln lassen

Durch ein Sieb abseihen, das ausgekochte Gemüse wegwerfen, da es nach dem langen Auskochen kein Qi mehr enthält.

Tipps:

Dieses Rezept ist für alle Konstitutionstypen geeignet. Je nach Zubereitungsart beeinflussen Sie die thermische Wirkung des Gerichts. Das Anbraten von Gemüse führt zusätzlich Yang-Energie zu. Dadurch werden neutrale Lebensmittel erwärmender.
Werden Speisen gekocht, gedämpft oder gedünstet, so stärkt das die Yin-Energien im Körper wesentlich mehr, als wenn diese Nahrungsmittel roh gegessen werden.

Nehmen Sie biologisches Gemüse immer mit Schale. Waschen Sie es sehr gut, Wurzelgemüse bürsten Sie unter fließendem Wasser. Wenn Sie wollen, können Sie das Gemüse etwas zerkleinern, dann kochen sich die Inhaltsstoffe noch besser aus.

Zeichenbeschreibung:
H = Holz | F = Feuer | E = Erde | M = Metall | W = Wasser

Thermik der Nahrungsmittel:
n=neutral | w=warm | h=heiß | kü=kühl | ka=kalt ➲ z. B. Hkü = Holz kühl

BROKKOLI-CREMESUPPE

Zutaten Suppe:

½ l Kraftsuppe | ½ Brokkoli | 1 mittlere Süßkartoffel | 2 bis 3 dünne Schnitten Ingwer | je 1 Prise Basilikum, Kurkuma und Kümmel | 1 EL Dinkel- oder Gerstenvollkornmehl | 1 bis 2 EL Sauerrahm (oder Soja-Cuisine) | 1 EL Sonnenblumenkerne | Schnittlauch

Zubereitung Suppe:

- Herd einschalten [F]
- Kraftsuppe [En] erwärmen
- klein geschnittenen Brokkoli [En] und Süßkartoffel [En] zugeben
- klein geschnittenen Ingwer [Mw] und Basilikum [Mw] beifügen
- Kümmel [Ww] dazugeben und für 10 bis 15 Minuten köcheln lassen, danach pürieren
- Sauerrahm [Hkü] und 1 Prise Kurkuma [Fkü] mit Dinkelvollkornmehl [Ew] versprudeln und in die Suppe einrühren
- Sonnenblumenkerne [En] ohne Öl in einer Pfanne kurz anrösten
- Suppe in Tellern servieren, Sonnenblumenkerne aufstreuen [En] und falls gewünscht mit Schnittlauch [Mw] garnieren

Wirkung:

kühlt Leber- und Bluthitze z. B. bei jähzornigen Menschen

Tipp:

Süßkartoffeln stärken die Mitte, vor allem die Milz. Sie haben einen etwas süßlichen Geschmack, der jedoch, in der Suppe verkocht, nicht vorschmeckt. Bauen Sie Süßkartoffeln immer wieder in Ihren Speiseplan ein, egal in welcher Form.

Sollten Sie Soja-Cuisine verwenden, gehen Sie bitte in folgender Reihenfolge vor:

- geben Sie statt des Sauerrahms frische oder getrocknete Petersilie zu [Hn]
- dann Kurkuma [Fkü]
- mischen Sie nun 250 ml Soja-Cuisine [Ekü] mit dem Dinkelvollmehl [Ew] und vervollständigen Sie wie angegeben

Zeichenbeschreibung:
H = Holz | F = Feuer | E = Erde | M = Metall | W = Wasser

Thermik der Nahrungsmittel:
n=neutral | w=warm | h=heiß | kü=kühl | ka=kalt ➲ z. B. Hkü = Holz kühl

FRÜHLINGSKRÄUTER-SUPPE

Zutaten Suppe:

½ l Kraftsuppe | 1 Zwiebel | 1 mittlere Kartoffel | ca. 100 g Frühlingskräuter (Löwenzahn, Spitzwegerich, Bärlauch, Sauerampfer) | 1 Prise Kurkuma | 1 EL Dinkel- oder Gerstenvollkornmehl | 1 bis 2 EL Sauerrahm (oder Soja-Cuisine) | 1 EL Sonnenblumenkerne | 1 Prise Kümmel

Zubereitung Suppe:

- Herd einschalten [F]
- Kraftsuppe [En] erwärmen
- klein geschnittene Kartoffel [En] und Zwiebel [Mkü] zugeben
- Kümmel [Ww] einstreuen und 10 bis 15 Minuten köcheln lassen
- Sauerampfer [Hn] und Löwenzahn [Hkü] grob geschnitten zugeben und 5 Minuten leicht ziehen lassen
- Sauerrahm [Hkü], Kurkuma [Fkü] und Dinkelvollmehl [Ew] verrühren und in die Suppe einrühren, falls gewünscht Suppe danach pürieren
- Sonnenblumenkerne [En] ohne Öl in einer Pfanne kurz anrösten
- Suppe in Tellern servieren, Sonnenblumenkerne aufstreuen [En], mit klein geschnittenem Bärlauch [Mw) und Schnittlauch [Mw] garnieren

Tipp:

Kurkuma (Gelbwurz) ist ein Bestandteil der Curry-Mischung. Er gehört zur Familie der Ingwer-Gewächse. Kurkuma ist ein natürliches Antibiotikum und entstaut Leber und Gallenblase. Gerade in unseren Breiten wird der Wurzelstock der Pflanze zum wichtigen Gewürz. Ein Stau in der Leber entsteht oft deshalb, weil wir das, was wir gerne leben möchten, nicht oder nur zum Teil leben können. Kurkuma unterstützt dabei, den Stau zu lösen und die Energie wieder freier fließen zu lassen.

Wirkung:

regt die Entgiftung und die Regeneration der Leber an

Zeichenbeschreibung:
H = Holz | F = Feuer | E = Erde | M = Metall | W = Wasser
Thermik der Nahrungsmittel:
n=neutral | w=warm | h=heiß | kü=kühl | ka=kalt ➲ z. B. Hkü = Holz kühl

HIRSESUPPE

Zutaten:

½ l Gemüsekraftsuppe | 2 EL kleine, schnellkochende Hirse, heiß abgespült | 1 Karotte | ½ Lauch | Schnittlauch

Zubereitung:

- Herd einschalten [F]
- Gemüsekraftsuppe [En] erwärmen
- Hirse [En] zugeben, ca. 10 Minuten leicht köcheln lassen
- in Scheiben oder Stifte geraspelte Karotte [En] und fein geschnittenen Lauch [Mw] 5 Minuten in der Suppe ziehen lassen
- mit Schnittlauch [Mw] garniert servieren

Wirkung:

stärkend für Milz und Magen, für jede Jahreszeit und jeden Menschen geeignet!

Tipps:

Die Hirse ist ein wichtiges Getreide für den Menschen. Auf der einen Seite alkalisiert sie den Körper, auf der anderen stärkt sie Magen und Milz = Element Erde.
Deshalb ist sie sowohl für Kinder als auch für Erwachsene ein unverzichtbares Getreide im Speiseplan.

Die Karotte ist ein wichtiger Qi-Lieferant. Sie wirkt thermisch neutral und stärkt das Milz- und Magen-Qi. Deshalb ist sie, wie auch Hirse, Mais und Kürbis, ein wichtiges Lebensmittel für Kinder und für Erwachsene. Vor allem dann, wenn die Verdauungskraft geschwächt ist.
So wie die Kürbissuppe unterstützt auch eine Karottensuppe den Qi-Aufbau nach einer Krankheit.

Zeichenbeschreibung:
H = Holz | F = Feuer | E = Erde | M = Metall | W = Wasser
Thermik der Nahrungsmittel:
n=neutral | w=warm | h=heiß | kü=kühl | ka=kalt ➲ z. B. Hkü = Holz kühl

KÜRBISCREME-SUPPE

Zutaten Suppe:

¾ l Wasser | 2 EL Suppenwürze | 2 große Kartoffeln (eventuell Süßkartoffeln) | 1 kleiner Fenchel | ½ Stange Lauch | 2 dünne Schnitten frischen Ingwer | 1 Prise gemahlenen Kümmel | 1 kleiner Hokkaidokürbis (auch andere Sorten, etwa 300 g) | frische Thymianzweige (2 bis 3 Stk.) oder getr. Thymian | 1 EL Sesam | 1 Messerspitze Kurkuma | Soja-Cuisine (250 ml) | 3 bis 5 Löwenzahnblätter | 1 TL Mariendistelsamen, in der Kaffeemühle gemahlen (in Apotheken erhältlich)

Zubereitung Suppe:

- Wasser zustellen [W]
- Suppenwürze zufügen [Hn]
- Herd einschalten [F]
- klein geschnittene Kartoffeln [En], Fenchel [Ew] und Kürbis [En] zugeben
- klein geschnittenen Ingwer [Mw], Thymian [Mw] und fein geschnittenen Lauch [Mw] zufügen
- Kümmel [Ww] und Sesam [Hw] einrühren
- mit Kurkuma [Fkü], klein geschnittenen Löwenzahnblättern [Fka] und Mariendistelsamen [Fka] etwa 15 Minuten köcheln lassen, danach verquirlen
- mit Soja-Cuisine [Ekü] verfeinern
- mit Kürbiskernöl [Ew] und, falls vorhanden, Ringelblumenblüten garniert servieren

Tipp:

Mariendistelsamen und Löwenzahnblätter reinigen und regenerieren die Leber. Gerade in unserer Kultur sind beide wichtige Zutaten, die oft verwendet werden sollten.

Wirkung:

Baut Säfte und Qi auf und stärkt die Mitte. Die Suppe unterstützt den Kräfteaufbau nach Krankheiten, wie zum Beispiel einer Grippe, sowohl bei Erwachsenen als auch bei Kindern.

Zeichenbeschreibung:
H = Holz | F = Feuer | E = Erde | M = Metall | W = Wasser

Thermik der Nahrungsmittel:
n=neutral | w=warm | h=heiß | kü=kühl | ka=kalt ➲ z. B. Hkü = Holz kühl

LINSENSUPPE

Zutaten:

1 EL Olivenöl | 1 Zwiebel | 1 l heißes Wasser | 1 TL Bohnenkraut | 3 EL Suppenwürze | 1 Prise Kurkuma | 2 große Kartoffeln | 1 Karotte | 3 Lorbeerblätter | 200 g Berglinsen | 100 g Schinkenspeck

Zubereitung:

- Herd einschalten [F]
- Olivenöl [Ekü] in einen Topf geben
- klein geschnittene Zwiebel [Mkü] im Olivenöl glasig rösten (max. Temperatur 100 Grad)
- mit heißem Wasser [W] aufgießen
- Berglinsen hineingeben [Wn]
- Suppenwürze [Hn] und Kurkuma [Fkü] einstreuen
- würfelig geschnittene Kartoffel [En] und klein geschnittene Karotten [En] zufügen
- mit Lorbeerblatt [Mw] und Bohnenkraut [Mw] würzen
- 40 Minuten auf kleiner Flamme köcheln lassen, bis Berglinsen und Kartoffeln weich sind. Die Suppe wird durch die Kartoffeln und Linsen sämig
- zum Schluss klein geschnittenen Schinkenspeck [Wh] zugeben

Wirkung:

Das Gericht ist wärmend und stärkend für die Nieren und eine Mahlzeit für den Herbst und Winter.

Tipps:

Linsen tonisieren die Lebenskraft Qi, das Blut und die Uressenz Jing. Sie enthalten Spurenelemente wie Eisen und Zink, Vitamin B6 und auch Isoflavonoide, die in der Menopause besonders wichtig sind.

Rote Linsen tonisieren zusätzlich das Qi von Herz (Freude) und Nieren (Vertrauen).

Die Linsensuppe wird am Biobauernhof Frienerhof/Ramsau am Dachstein von Georg und Claudia Berger für die Langläufer, zusätzlich zu den anderen Angeboten, zur Labung gekocht. Die Linsensuppe ist eines der beliebtesten Gerichte, da sie hervorragend schmeckt, den Körper durchwärmt und stärkt!

Zeichenbeschreibung:
H = Holz | F = Feuer | E = Erde | M = Metall | W = Wasser

Thermik der Nahrungsmittel:
n=neutral | w=warm | h=heiß | kü=kühl | ka=kalt ➲ z. B. Hkü = Holz kühl

Wirkung:
kühlt Herzhitze, baut Säfte auf und tut gut bei innerer Unruhe

SPARGELCREME-SUPPE

Zutaten Suppe:

1 l Wasser | 500 g weißer Spargel | 20 g Butter | 1 EL Vollrohrzucker od. Agavendicksaft | 1 TL Meersalz | 1 TL Suppenwürze | 1 Prise Kümmel gemahlen | 1 Prise Liebstöckl | ½ Becher Schlagobers (oder Soja-Cuisine) | etwas Zitronensaft

Zubereitung Suppe:

- 1 l Wasser [W] in einen Topf geben
- Meersalz [Ww] und Zitronensaft [Hkü] zufügen
- Herd einschalten [F]
- gewaschene Spargelschalen und abgeschnittene Spargelenden [Fkü] im Wasser 30 Minuten kochen
- Suppe abseihen
- restlichen Spargel [Fkü] in zirka 1 cm breite Scheiben schneiden und zur Suppe geben, die Spargelspitzen aufheben
- Zucker [Ew] und Butter [En] zugeben
- würzen mit Liebstöckl [Mw], Kümmel [Ww] und Suppenwürze [Hn]
- für 10 bis 15 Minuten kochen, danach pürieren und mit den Spargelspitzen [Fkü] verfeinern
- Sahne zugeben [Ekü]
- Spargelspitzen noch etwa 5 Minuten in der Suppe ziehen lassen, anschließend servieren
- mit Kresse [Mn] garnieren

Tipp:

Spargel ist ein KLASSISCHES Frühlingsgemüse. Er unterstützt die Reinigung unseres Körpers nach der Winterpause.

Spargel tonisiert das Lungen- und das Nieren-Yin. Speziell nach der Heizperiode und der dadurch bedingten Trockenheit der Schleimhäute und der Haut, entsteht ein Lungen-Yin-Mangel.

Als Vorbereitung auf die Trockenheit im Sommer ist das Gemüse für unsere Schleimhäute und die Haut deshalb wichtig. Durch den Aufbau des Nieren-Yin unterstützt der Spargel unsere Fähigkeit zu entspannen und zur Ruhe zu kommen.

Weißer Spargel wird dem Kronenchakra, grüner Spargel dem Herzchakra zugeordnet.

Zeichenbeschreibung:
H = Holz | F = Feuer | E = Erde | M = Metall | W = Wasser

Thermik der Nahrungsmittel:
n=neutral | w=warm | h=heiß | kü=kühl | ka=kalt ➲ z. B. Hkü = Holz kühl

TOMATENSUPPE

Zutaten Suppe:

¾ l Wasser | 2 EL Suppenwürze | 2 große Kartoffeln | 1 TL getrockneter Oregano | 2 dünne Schnitten frischer Ingwer | 1 Prise gemahlener Kümmel | ½ kg Tomaten (oder Tomatensoße) | 1 Prise Kurkuma | 1 Glas schwarze Oliven | Rucola und frisches Basilikum

Zubereitung Suppe:

- Wasser zustellen [W]
- Suppenwürze zufügen [Hn]
- Herd einschalten [F]
- nun klein geschnittene Kartoffeln [En], getrockneten Oregano [Mw] und klein geschnittenen Ingwer [Mw] zufügen
- Kümmel [Ww] beimengen
- 10 Minuten auf kleiner Flamme köcheln lassen
- klein geschnittene Tomaten [Hka] untermischen
- mit Kurkuma [Fkü] abschmecken
- weitere 5 Minuten köcheln lassen, danach verquirlen
- ganze oder in Scheiben geschnittene Oliven [Fkü] zugeben, 5 Minuten ziehen lassen
- in Tellern servieren, mit klein geschnittenem Rucola [Fkü], Basilikum [Fw] und einem Petersilienblatt [En] garnieren

Tipp:

Die Tomate ist ein Sommergemüse und wirkt auf unseren Körper kühlend (im Ausgleich zur Hitze des Sommers!). Das heißt, sie stärkt und nährt unser Yin = Säfte, Entspannung, Substanzaufbau. Hingegen im Winter roh gegessen, also außerhalb der Saison, belasten Tomaten unseren Verdauungsapparat, da das kühle Gemüse die Verdauungskraft schwächt. Die Energie, in der TCM sagt man "Wärme", des Magens wird dadurch abgekühlt.

Wirkung:

baut Säfte auf, kühlt Hitze, kann auch kalt serviert werden und schmeckt wunderbar an heißen Sommertagen

Zeichenbeschreibung:
H = Holz | F = Feuer | E = Erde | M = Metall | W = Wasser

Thermik der Nahrungsmittel:
n=neutral | w=warm | h=heiß | kü=kühl | ka=kalt ➲ z. B. Hkü = Holz kühl

Hauptspeisen

Wirkung:
stärkt Magen
und Milz, ist leicht
befeuchtend

APFEL-TOPFENSTRUDEL

Zutaten Teig für 2 Strudel:
250 bis 280 g Weizenmehl (Vollkornmehl aussieben) | 1 Prise Meersalz | 125 ml lauwarmes Wasser | 1 EL Öl | 1 kleines bis mittleres Ei | 1 Prise Zimt

Zutaten Fülle für 1 Strudel:
¼ Topfen mager | 1 Ei | etwas geriebene Zitronenschale | Vanillearoma | 1 TL Sesam | 3 EL Vollrohrzucker | ½ kg Kirschen oder Zwetschken | ½ kg Äpfel | 1 TL Zimt | 1 TL geriebene Orangenschalen (Gewürz Bioladen) | 50 g Butter | 125 ml Milch | 3 TL Vollrohrzucker

Strudelteig (Für 2 Strudel):

- Mehl [Fkü] in eine Rührschüssel geben
- Öl [Ekü], Zimt [Mh), Ei [Wn], Salz [Ww] und lauwarmes Wasser [W] versprudeln
- zum Mehl zugeben und mit Knethaken (Mixer) solange kneten, bis der Teig nicht mehr klebt
- Teig teilen, in eine mit Öl bestrichene Frischhaltefolie wickeln und mindestens ½ Stunde bei Zimmertemperatur rasten lassen

Fülle (Für 1 Strudel):

- 1 ganzes Ei [Wn] in die Schüssel geben und nun in der Reihenfolge beimengen:
- Topfen [Hkü] und Zitronenschale [Fw]
- Sesam [Ew], Vollrohrzucker [Ew], Vanillearoma [Ew] und Zimt [Mh], alles zu einer Masse vermengen
- Kirschen oder Zwetschken [Wn] und blättrig geschnittene Äpfel [Hkü] mit geriebenen Orangenschalen [Fw] und Zimt [Eh] bestreuen
- Die Hälfte des Teiges ausrollen, dann an allen Enden so über einem bemehlten Tisch ausziehen, dass er möglichst dünn wird, aber nicht reißt. Den ausgezogenen Teig mit zerlassener Butter bestreichen. Den Teigrand reichlich bestreichen (sonst Gefahr der Austrocknung).
- Topfenfülle auf ein Drittel des Teiges aufstreichen.
- Den Teig mit dem klein geschnittenen, gewürzten Obst belegen. Teig zusammenrollen und in eine eingefettete Form mit hohem Rand geben.
- Bei 170 Grad ca. 55 min. backen, nach 20 Min. 125 ml gewärmte Milch mit 3 TL Vollrohrzucker vermischen und übergießen

Zeichenbeschreibung:
H = Holz | F = Feuer | E = Erde | M = Metall | W = Wasser

Thermik der Nahrungsmittel:
n=neutral | w=warm | h=heiß | kü=kühl | ka=kalt ➲ z. B. Hkü = Holz kühl

BEIRIED IN WEINSAFT

Zutaten Beiried:

2 Schnitten Beiried (1 bis 1,5 cm) | 1 kleine Fenchelknolle | 1 kleine Zwiebel | 1 TL Liebstöckel | ¼ l warmes Wasser | 1 TL Suppenwürze | 1 TL Dijonsenf | 125 ml Rotwein | 1 EL Rapsöl

Zubereitung Beiried:

- Herd einschalten [F]
- Rapsöl [Ew] im Druckkochtopf erwärmen
- Fenchel in feine Ringen schneiden [Ew] und im Öl [Ew] anrösten
- klein geschnittene Zwiebel [Mkü] mitrösten
- Beiried [En] waschen, trocken tupfen und mit Liebstöckl [Mw] gut würzen, Zwiebel und Fenchel etwas beiseite schieben und Beiried im Topf auf beiden Seiten anbraten
- Dijonsenf [Mw] zufügen
- mit warmem Wasser [W] aufgießen
- Suppenwürze [Hn] und Rotwein [Fw] dazugeben
- Kochtopf schließen; sobald das rote Ventil aufscheint für 20 min. köcheln lassen, abschalten und wenn der Topf sich öffnen lässt mit den Tomaten-Basilikum-Polentaschnitten (siehe Rezept Seite 143) und frischem grünen Salat servieren

Tipp:

Rotes Fleisch ist ein nahrhaftes und aufbauendes Lebensmittel. Es stärkt unser Yang und ist deshalb gerade auch im Winter wichtig.

Im gegrillten oder gebratenen Zustand und im Übermaß genossen bringt rotes Fleisch Hitze in den Körper.

Als Kraftbrühe oder im Dampf gegart ist es wiederum besonders energiespendend.

Achten Sie auf biologische Qualität.

Wirkung:

stärkt die Mitte, nährt Qi und Säfte, also auch das Blut – gibt Kraft!

Zeichenbeschreibung:
H = Holz | F = Feuer | E = Erde | M = Metall | W = Wasser

Thermik der Nahrungsmittel:
n=neutral | w=warm | h=heiß | kü=kühl | ka=kalt ➲ z. B. Hkü = Holz kühl

BOHNENGEMÜSE MIT SPÄTZLE

Zutaten Bohnengemüse:

1 EL Olivenöl | 1 kleine Zwiebel | 2 Schnitten frischer Ingwer | 250 g Bohnen (weiß oder rot, gekocht) | 1 bis 2 EL Salzsole | ¼ l Tomatensoße | 2 TL Suppenwürze | 1 TL Majoran | 1 TL Basilikum | 1 TL Paprika, edelsüß | Prise Bohnenkraut | Prise Zitronenthymian | Meersalz (bei Bedarf)

Zubereitung Bohnengemüse:

- Herd einschalten [F]
- Olivenöl [Ekü] im Topf erwärmen
- klein geschnittene Zwiebel [Mkü] und gehackten Ingwer [Mw] kurz anrösten
- weiße oder rote Bohnen, bereits gekocht [Wn] und Salzsole [Wn] zugeben
- Tomatensoße mit Stückchen [Hkü] und Suppenwürze [Hn] einrühren
- mit frischem Majoran [Fw], Basilikum [Fw], Paprikapulver [En], Bohnenkraut [Mw], Zitronenthymian [Mw] und Salz [Ww] abschmecken
- ca. 20 Minuten köcheln lassen

Wirkung:

stärkt Nieren und die Mitte, ein Gericht für die kühle bis kalte Jahreszeit; gut bei Erschöpfung.

Zutaten und Zubereitung der Spätzle:

Siehe Rezept Seite 133

Tipp:

Bohnen selbst kochen? Ja, unbedingt! Bohnen über Nacht oder etwa zwölf Stunden lang einweichen. Im Einweichwasser sind Stoffe enthalten, die Blähungen verursachen, deshalb eventuell austauschen. Bei der Berührung mit Wasser beginnt die Bohne sofort mit dem Keimvorgang, das erhöht den Gehalt an Vitaminen und Enzymen ungemein, die Bohne ist dann auch leichter verdaulich.
Bohnen mit viel frischem Wasser aufkochen und etwa 20 Minuten sprudelnd kochen lassen, danach Herd zurückschalten und nur mehr sanft köcheln.
Ab 35 Minuten Kochzeit kann immer wieder probiert werden. Die Bohnen sind gar, wenn sie weich sind.

Zeichenbeschreibung:
H = Holz | F = Feuer | E = Erde | M = Metall | W = Wasser

Thermik der Nahrungsmittel:
n=neutral | w=warm | h=heiß | kü=kühl | ka=kalt ➲ z. B. Hkü = Holz kühl

Dazu passen:
Dinkel-Kamut-Spätzle
(Seite 133)
und Vogerlsalat
(Seite 155)

CHILI CON SOJA

Zutaten:

150 g Azukibohnen | 100 g Sojaschnetzel klein | 2 Karotten | 1 Lauch | 3 bis 5 Scheiben frischen Ingwer | je 1 Prise scharfer Paprika, Paprika süß, Kurkuma, Bohnenkraut, Basilikum und Kerbel | 2 Lorbeerblätter | 1 kleine Gemüsezwiebel | 4 TL Suppenwürze | 2 EL Olivenöl | 1 Prise Kümmel gemahlen

Tipp:

Bohnen acht Stunden einweichen. Vor dem Kochen eventuell Wasser austauschen (Blähungsgefahr).

Zubereitung:

- zu den eingeweichten Bohnen [Wn] Suppenwürze geben [Hn]
- Herd einschalten [F]
- Paprika süß [Ew], Bohnenkraut [Mn], Lorbeerblatt [Mw], klein geschnittene Zwiebel [Mkü] zufügen
- 30 Minuten köcheln lassen
- Sojaschnetzel [Wn] mit heißem Wasser aufgießen [W], mit Suppenwürze [Hn] verfeinern und für ½ Stunde ziehen lassen; die restlichen 5 Minuten Kochzeit der Bohnen die Sojaschnetzel [Hn] zufügen
- in der Zwischenzeit Olivenöl [Ekü] in einem Topf auf 100 Grad erwärmen, klein gewürfelte Karotten [En], fein geschnittenen Lauch [Mw] und Ingwer [Mw] zugeben und kurz durchrösten
- Kümmel [Ww] zuletzt zufügen und nun das Azukibohnengemüse [Hn] zugeben
- mit scharfem Paprika [Fw] und Kurkuma [Fkü] würzen
- mit Kerbel [En] und Basilikum [Mw] verfeinern

Wirkung:

stärkt sowohl das Nieren-Yin als auch das Nieren-Yang; entgiftend, also viel dazu trinken; ein Gericht für die kalte Jahreszeit.

Zeichenbeschreibung:
H = Holz | F = Feuer | E = Erde | M = Metall | W = Wasser
Thermik der Nahrungsmittel:
n=neutral | w=warm | h=heiß | kü=kühl | ka=kalt ➲ z. B. Hkü = Holz kühl

Wirkung:
stärkt sowohl Yin als auch Yang, ein ausgleichendes Gericht für die Mitte, baut Qi auf

FETTUCINE MIT LACHSFORELLENFILET, SPARGEL & KRÄUTERSEITLINGEN

NEUTRAL

Zutaten:

100 bis 150 g Fettucine (oder Hirse-Spaghetti) | Wasser | 1 EL Meersalz (für die Nudeln) | 1 Prise Petersilie | 1 Prise scharfen Paprika, Curry und Kurkuma | ½ TL Meersalz (für die Forelle) | 3 bis 4 EL Olivenöl | 2 Frühlingszwiebeln halbiert | 100 bis 150 g grüner Spargel halbiert | 1 Zwiebel | 200 g Forellenfilet | 100 g Kräuterseitlinge, längs geschnitten | 1 TL Basilikum frisch | 60 ml trockenen Weißwein | frische Petersilie | ½ Zitrone | 60 ml heißes Wasser

Zubereitung:

- Wasser salzen [Ww], Petersilie [Hn] beimengen
- Herd einschalten [F], wenn das Wasser kocht, Fettucine einlegen und ca. 8 Minuten (Hirsespaghetti, Hartweizen 10-12 Minuten) bissfest garen
- Forellenfilet [Ww] mit Zitrone [Hkü] säuern und mit Kurkuma [Fkü], süßem Paprika [Ew], Curry [Mh] und Salz [Ww] würzen
- in der Zwischenzeit Olivenöl [Ekü] erhitzen und die klein geschnittene Gemüsezwiebel [Mkü] glasig anrösten
- längs geschnittene Kräuterseitlinge [En], Spargel [Ekü] und halbierte Frühlingszwiebel [Mw] dazugeben und weitere 5 bis 10 Minuten anrösten (der Spargel sollte noch nicht ganz durch sein)
- Lachsforelle je nach Dicke des Filets auf jeder Seite ca. 5 Minuten braten (Hautseite zuerst), mit Wasser [W] und Weißwein [Hkü] aufgießen
- Basilikum [Mw] zufügen, alles auf den Fettucine [En] anrichten und mit frischer Petersilie [En] oder Kresse [Mn] bestreuen

Tipp:

Frühlingszwiebeln gehören wie der Knoblauch oder der Ingwer zu den 8 Schätzen der chinesischen Heilküche. Frühlingszwiebeln haben eine wärmende bis erhitzende Wirkung, deshalb sind sie für Menschen mit Hitzesymptomen (innere Unruhe, Schlaflosigkeit, heiße Hand- und Fußsohlen, Hitzewallungen, ...) und in der heißen Jahreszeit nur mit Vorsicht zu genießen. Frühlingszwiebeln bewegen unsere Lebensenergie Qi und unterstützt somit alles, was stagniert (durchblutungsfördernd, Arteriosklerose, ...) und treibt die Kälte aus dem Körper.

Zeichenbeschreibung:
H = Holz | F = Feuer | E = Erde | M = Metall | W = Wasser

Thermik der Nahrungsmittel:
n=neutral | w=warm | h=heiß | kü=kühl | ka=kalt ➲ z. B. Hkü = Holz kühl

FISCH IM BAMBUSKORB

Zutaten:

2 Forellen- oder Saiblingsfilets zu je ca. 150 bis 200 g | Meersalz | Kerbel und Petersilie | Kurkuma und/oder scharfer Paprika | 3 bis 5 dünne Schnitten frischer Ingwer | 3 bis 4 große Blätter Salat oder Spinat als Unterlage für den Fisch im Bambuskorb | 1 bis 2 EL Suppenwürze

Fisch vorbereiten:

- Fisch [Ww] gut waschen und trocken tupfen
- mit Meersalz [Ww], Kerbel [Hn], Kurkuma [Fkü] und/oder scharfem Paprika [Fw], Petersilie [En] und klein geschnittenem Ingwer [Mw] (Sie können die zerkleinerten Ingwerstücke auch durch die Knoblauchpresse drücken) würzen; für 2 bis 3 Stunden im Kühlschrank gut durchziehen lassen
- Topf mit Wasser aufstellen
- Suppenwürze zugeben [Hn]
- Herd einschalten [F]
- Bambuskorb auf den Topf setzen, Einsatz mit Salat- oder großen Spinatblättern belegen, Fisch [Ww] drauflegen und in 5 bis 10 Minuten gar dämpfen

Dazu passen gekochte Kartoffeln und kurz gegartes Gemüse oder Salat.

Tipp:

DÄMPFEN = YINISIEREN

Egal, ob Sie einen Bambuskorb, eine Dämpfer oder einen normalen Topf mit Einsatz verwenden – das Kochen über Wasserbad/Dampf ist vor allem bei sommerlicher Hitze zu empfehlen. Sie können die yinisierende Kochmethode allerdings auch bei innerlichen Hitzezuständen wie heißen Händen und Füßen, innerer Unruhe oder Schlaflosigkeit anwenden. Mit wärmenden Kräutern wie Basilikum, Rosmarin, Oregano und frischem Ingwer unterstützen Sie die Verdauungstätigkeit.

Wirkung:

Säfte aufbauend, empfehlenswert in der warmen Jahreszeit oder bei innerlichen Hitzezuständen

Zeichenbeschreibung:
H = Holz | F = Feuer | E = Erde | M = Metall | W = Wasser

Thermik der Nahrungsmittel:
n=neutral | w=warm | h=heiß | kü=kühl | ka=kalt ➲ z. B. Hkü = Holz kühl

Tipp:

Sollte sich die Fischhaut im rohen Zustand nur schwer lösen lassen, dann braten Sie das Filet vorher an und lösen es danach von der Haut.
Oder verwenden Sie geräuchertes Fischfilet.

Wirkung:
kühlt Feuerhitze, unterstützt Yin (Säfteaufbau), baut Qi auf für die warme Jahreszeit

GRÜNE NUDELN MIT SPARGEL-FISCHSAUCE

Zutaten:

300 bis 500 g weißer Spargel | 200 g Fischfilet ausgelöst, ohne Haut (Karpfen, Forelle, Saibling [Ww] oder Wels [Wn]) | ¼ l Soja-Cuisine | 2 Hand voll Rucola | 200 g dünne, grüne Nudeln | 2 EL Olivenöl | 20 g Butter | 1 TL Rohrohrzucker (od. Agavendicksaft) | je 1 Prise Kerbel und Basilikum | 2 TL Suppenwürze | 1 Prise Kurkuma | 1 Prise Paprika scharf | frische Petersilie | 2 Frühlingszwiebeln | 1 EL Meersalz (für Nudelwasser) | 1 TL Petersilie (für Nudelwasser) | 1 TL Salzsole | 60 ml heißes Wasser | 4 bis 6 Cocktailtomaten geviertelt

Nudeln:

- Wasser salzen [Ww]
- Petersilie zufügen [Hn]
- Herd einschalten [F]
- Nudeln [Ekü] in kochendes Wasser einlegen und bissfest garen

Soße:

- Herd einschalten [F]
- Olivenöl [Ekü] (nicht über 100 Grad erhitzen) und Butter [En] erwärmen
- klein geschnittene Frühlingszwiebeln [Mw] kurz durchrösten
- Fischfilet zufügen, nach kurzem Durchrösten mit Salzsole [Wn] würzen
- Kerbel [Hn] zugeben
- geschälten, in dünne Scheiben geschnittenen Spargel zugeben [Fkü]
- Agavendicksaft [Ew] zufügen und alles für 5 Minuten zugedeckt ziehen lassen (zwischendurch um-rühren)
- Basilikum [Mw], Soja-Cuisine [Wkü] und heißes Wasser [W] zugeben
- Suppenwürze [Hn] einrühren, Herd ausschalten
- Kurkuma [Fkü], scharfem Paprika [Fw], klein geschnittenen Rucola [Fkü] und die Cocktailtomaten [Hkü] dazu, Sauce bei Restwärme durchziehen lassen (dickt etwas nach!)
- zum Schluss frische Petersilie untermengen [En] und mit grünen Nudeln servieren! (Falls gewünscht, noch mit frisch gemahlenem Pfeffer [Mh] verfeinern)

Zeichenbeschreibung:
H = Holz | F = Feuer | E = Erde | M = Metall | W = Wasser

Thermik der Nahrungsmittel:
n=neutral | w=warm | h=heiß | kü=kühl | ka=kalt ➲ z. B. Hkü = Holz kühl

KOHLRABI-KRÄUTER-TALER

Zutaten:

ca. 400 g Kohlrabi, grob geraspelt | 2 Stangen Frühlingszwiebel | 1 Blatt frischen (oder getrockneten) Liebstöckl, fein gehackt | 1 gute Prise Kümmel gemahlen | 1 EL Salz | 2 bis 3 Stängel frische Petersilie, feingehackt | 1 EL frischen Basilikum, fein gehackt ½ TL frische Thymianblätter | 1 TL schwarzen Sesam 1 Karotte, fein gestiftelt | 1 Ei | 4 EL Reis- oder Gerstenmehl | Olivenöl zum Ausbacken

Zubereitung:

- Geben Sie den grob geraspelten Kohlrabi (Mkü)) in eine Schüssel
- fügen Sie den kleingeschnittenen Frühlingszwiebel (Mw) und Liebstöckel (Mw) hinzu
- nun mengen Sie das Salz (Ww), den Kümmel (Ww) und das Ei (Wn) unter die Kohlrabi,
- ebenso die feingeschnittene Petersilie (Hn) den Basilikum (Fw) und den Thymian (Fw) den Sesam (En), die Karotte (En) und das Mehl (En).
- Vermengen Sie alles zu einer guten Masse.

- Legen Sie einen leicht gehäuften Esslöffel Masse in das ca. 100 Grad heiße Olivenöl und drücken die Masse auf flache Laibchen.
- Backen Sie die Bratlinge goldbraun (ca. 5 bis 7 Minuten je Seite).
- Servieren Sie die Kohlrabi-Kräuter-Taler mit einem Dip Ihrer Wahl (Tomate, Kürbis, Rote Rübe, …) und frischem Salat.

Wirkung:

reguliert und belebt die Lebensenergie Qi, beseitigt Kälte, tonisiert Leber, Galle und Nieren, trocknet Feuchtigkeit

Zeichenbeschreibung:
H = Holz | F = Feuer | E = Erde | M = Metall | W = Wasser

Thermik der Nahrungsmittel:
n=neutral | w=warm | h=heiß | kü=kühl | ka=kalt ➲ z. B. Hkü = Holz kühl

LASAGNE MIT SOJA-SUGO

Zutaten Sugo: siehe Seite 85

Zutaten Bechamel-Soße:

6 EL Olivenöl | 3 EL Gerstenvollmehl | ½ l Milch | 1 Prise Oregano | 1 TL Meersalz | Petersilie | 1 Prise Paprika süß und Kurkuma | Fett für Auflaufform | 2 Packungen Lasagneblätter | 1 Prise Kerbel

Zubereitung Soße:

- Herd einschalten [F]
- Olivenöl [Ekü] erwärmen, Gerstenmehl [Ekü] darin anschwitzen, dabei mit dem Schneebesen ständig rühren
- mit Milch [En] aufgießen und aufkochen, sodass eine dickliche Soße entsteht
- Oregano [Mw] zugeben, ebenso Meersalz [Ww] und Petersilie [Hn]
- anschließend Paprika süß [Fw], Kurkuma [Fkü] und Kerbel [En] zufügen
- Auflaufform befetten, mit Lasagneblättern belegen, mit Bechamelsoße bestreichen, Sugo auftragen, dann wieder Lasagneblätter, usw., mit Lasagneblättern und Bechamelsoße enden.
- im Rohr bei Mittelhitze etwa 35 Minuten backen und mit frischem Salat servieren

Wirkung:

stärkt die Mitte, baut Qi und Säfte auf

Tipp:

Kochmethoden und ihre thermische Wirkung, beginnend bei Yin, steigend zu Yang:

- roh
- blanchiert
- mit viel Wasser gekocht
- wenig Wasser
- Schnellkochtopf
- Dampfgarer
- in Butter/Öl gedünstet
- viel Hitze im Öl
- im Rohr gebacken
- Wok
- gegrillt
- geräuchert

Zeichenbeschreibung:
H = Holz | F = Feuer | E = Erde | M = Metall | W = Wasser

Thermik der Nahrungsmittel:
n=neutral | w=warm | h=heiß | kü=kühl | ka=kalt ➲ z. B. Hkü = Holz kühl

PUTENBRUST IM RÖMERTOPF

Zutaten:

300 g Putenbrust gerollt | 3 dünne Scheiben frischer Ingwer | Meersalz | 125 ml Wasser | 60 ml Weißwein | 1 TL Suppenwürze | 1 Orange | 1 Prise scharfer Paprika | 1 Prise Kerbel | etwas Cognac

Zubereitung:

- Römertopf wässern
- Ingwerscheiben [Mw] im Mörser fein zerstoßen und die Putenbrust [Ew] damit einreiben
- salzen [Ww]
- in den Römertopf legen, Wasser zugeben
- Wein [Hkü] und Suppenwürze [Hn] zugeben
- Orange [Hkü] schälen, auch die weiße Haut entfernen (sie würde zu bitter schmecken), in Scheiben schneiden und die Scheiben auf der Putenbrust verteilen
- etwas Cognac [Fh] über die Orangenscheiben träufeln (nimmt ihnen die Süße, lässt aber das Fruchtige) und mit scharfem Paprika [Fw] bestreuen
- zum Schluss mit Kerbel [En] würzen
- im geschlossenen Topf für ca. 1,5 Stunden bei 180 Grad Heißluft braten
- dazu passt am besten Reis, Preiselbeerkompott und frischer Salat

Tipps:

Das Kochen im Römertopf wird generell der Erde zugeschrieben, stärkt also die Mitte (Magen und Milz). Es versorgt uns sowohl mit Yin als auch mit Yang -> sollte wieder mehr in unserer Küche Einzug halten ...

Putenfleisch tonisiert unsere Lebenskraft Qi und das Yang (= Wärme und Aktivität). Deshalb können Sie es wunderbar in der kühlen/kalten Jahreszeit genießen. Sie können Putenfleisch auch der Gemüsekraftsuppe zugeben (wichtig: biologische Herkunft!). In China wird Frauen nach der Geburt generell eine Hühnerkraftsuppe serviert, um die Mutter zu stärken und zu nähren.

Wirkung:

stärkt die Lebensenergie Qi

Zeichenbeschreibung:
H = Holz | F = Feuer | E = Erde | M = Metall | W = Wasser

Thermik der Nahrungsmittel:
n=neutral | w=warm | h=heiß | kü=kühl | ka=kalt ➲ z. B. Hkü = Holz kühl

SAUCE FÜR NUDELN, RAVIOLI, TORTELLINI

Zutaten:

2 EL Olivenöl | 100 bis 150 g Champignons | 2 dünne Scheiben Ingwer | 3 bis 4 Frühlingszwiebeln | 2 EL Salzsole | 2 TL Suppenwürze | 3 Tomaten | 1 Hand voll Rucola | 1 Prise Paprika scharf | ½ Kaffeeobers oder Soja-Cuisine

Zubereitung:

- Herd einschalten [F]
- Olivenöl [Ekü] erhitzen, die blättrig geschnittenen Champignons [Eka] zugeben
- klein geschnittene Frühlingszwiebeln [Mw] und gehackten Ingwer [Mw] mitrösten
- Salzsole [Ww] und Suppenwürze [Hn] zugeben
- klein würfelig geschnittene Tomaten [Hka] hineinrühren
- Soße 5 Minuten leicht köcheln lassen
- fein geschnittenen Rucola [Fkü] und Paprika scharf [Fw] hineinrühren
- mit Kaffeeobers [En] oder Soja-Cuisine [Ekü] verfeinern
- Soße über Nudeln, Ravioli oder Tortellini geben, mit frischem Blattsalat servieren

Wirkung:

Herz und Leber stärkend, ein neutrales Gericht

Tipp:

Frühlingszwiebeln gehören zu den „acht Schätzen" der 5-Elemente-Küche. Sie wirken schweißtreibend und damit öffnend für die Lunge (wichtig bei Erkältung, aber auch, wenn alles „zu eng" wird, wie Druck im Brustkorb, schweres Atmen). Gleichzeitig öffnen die Frühlingszwiebeln den Magen und unterstützen wichtige Verdauungsfunktionen.

Zeichenbeschreibung:
H = Holz | F = Feuer | E = Erde | M = Metall | W = Wasser

Thermik der Nahrungsmittel:
n=neutral | w=warm | h=heiß | kü=kühl | ka=kalt ➲ z. B. Hkü = Holz kühl

SAUERKRAUT-AUFLAUF

NEUTRAL

Zutaten Auflauf:
400 g Kartoffeln | 1 Zwiebel | 100 g Schinken | 1 TL Kümmel | 1 TL Meersalz | 1 Prise Petersilie oder Kerbel | 200 g Sauerkraut | 1 Prise Paprika scharf | 1 Prise Majoran | Fett für die Auflaufform

Zutaten Soße zum Überbacken:
1 Becher Sahne (200 g) oder Soja-Cuisine | 1 Prise Basilikum | 1 TL Meersalz | 1 Ei

Zubereitung Sauerkrautauflauf:

- Kartoffeln [En] im Dampfdrucktopf garen, schälen, in Scheiben schneiden und in eine Rührschüssel geben
- Zwiebel [Mkü] klein schneiden und gemeinsam mit Majoran [Mw] zugeben
- Schinken [Ww], klein geschnitten, zufügen
- mit Kümmel [Ww] und Meersalz [Ww] würzen
- Sauerkraut [Hkü], klein geschnitten, zugeben, ebenso Petersilie oder Kerbel [Hn]
- Paprika scharf [Fw] darüber streuen
- jetzt vermischen und in eine befettete Auflaufform füllen
- Soße zubereiten: Obers (oder Soja-Cuisine) [Ekü] mit dem Ei [En] verquirlen, Basilikum [Mw] und Meersalz [Ww] zugeben und über die Kartoffeln gießen
- Im Rohr bei Mittelhitze (175 Grad O/U oder 160 Grad Heißluft) etwa 20 Minuten backen, bis die Kartoffeln braun werden. Vor dem Servieren 10 Minuten im Rohr rasten lassen.

Tipp:
Kümmel tonisiert das Yang der Milz (wichtig für die Verdauungswärme). Dadurch kann die Feuchtigkeit, die z. B. durch zu viel Rohkost, Milchprodukte oder schlecht verdaute Nahrung gebildet wird, umgewandelt werden. Weiters wärmt er auch die Niere (Nieren-Yang).

Wirkung:
entgiftend für die Leber, optimal für das Frühjahr

Zeichenbeschreibung:
H = Holz | F = Feuer | E = Erde | M = Metall | W = Wasser
Thermik der Nahrungsmittel:
n=neutral | w=warm | h=heiß | kü=kühl | ka=kalt ➲ z. B. Hkü = Holz kühl

SOJA-SUGO

Zutaten:

40 g Soja-Hackschnetzel | 100 ml heißes Wasser | 1 bis 2 EL Olivenöl | 1 gelber Paprika | 1 Karotte | 2 EL tiefgekühlte Erbsen | 1 Stange Lauch | 1 Prise Meersalz | 3 Tomaten, würfelig geschnitten | 2 TL Suppenwürze | 1 Glas grüne Oliven, in Ringen geschnitten | 1 Prise Paprika scharf | je 1 Prise Kerbel, Majoran, Basilikum, Liebstöckel

Zubereitung:

- Soja-Hackschnetzel [Wkü] mit heißem Wasser aufgießen, Suppenwürze [Hn] unterrühren und 10 Minuten quellen lassen
- in der Zwischenzeit den Ofen einschalten [F]
- Olivenöl [Ekü] erwärmen, klein geschnittenen gelben Paprika [Ekü] und geraspelte Karotte [En] kurz rösten
- fein geschnittenen Lauch [Mw], Basilikum, Liebstöckl und Majoran [Mw] zugeben
- Meersalz [Ww] oder Salzsole [Wn] hinzufügen
- Soja-Hackschnetzel [Hn] unterrühren
- Tomaten [Hka] zugeben
- Oliven, feinblättrig geschnitten [Fkü], Paprika scharf [Fw], Kerbel [En] und tiefgekühlte Erbsen [En] unterrühren
- mit Teigwaren genießen

Tipp:

Liebstöckl (Maggikraut) stärkt das Milz-Qi und regt dadurch die Verdauung an. So können wir mehr Vitamine und Mineralien und dadurch auch mehr Qi aus der Nahrung aufnehmen. Er hilft auch, Schwerverdauliches besser verarbeiten zu können und leitet in geringen Mengen Feuchtigkeit aus.

Wirkung:

stärkt Niere und Leber, baut sowohl Qi als auch Säfte auf

Zeichenbeschreibung:
H = Holz | F = Feuer | E = Erde | M = Metall | W = Wasser

Thermik der Nahrungsmittel:
n=neutral | w=warm | h=heiß | kü=kühl | ka=kalt ➲ z. B. Hkü = Holz kühl

Tipp:
Spinat gehört, wie Spargel, zu den typischen Frühlingsgemüsesorten. Spinat wirkt kühlend auf die Leber (Zornausbrüche!), hilft beim Blutaufbau, bei trockener Haut und Neurodermitis.

Wirkung:
Mahlzeit für das Frühjahr, entstaut und entgiftet Leber und Gallenblase, wirkt befeuchtend.

SPINAT MIT KARTOFFEL-RÖSTI

Zutaten Spinat:

50 g Butter | 3 EL Gerstenmehl | ¼ l Milch (oder Soja- od. Gerstenmilch) | 1 Zehe Knoblauch | 1 TL Meersalz | ½ kg Spinat | 1 Prise Muskatnuss | Salz zum Abschmecken | je 1 Prise Kerbel, Petersilie, Liebstöckl, Kümmel, Paprika süß

Zutaten Kartoffel-Rösti:

6 mittelgroße Kartoffeln | 1 mittelgroße Gemüsezwiebel (weiß oder rot) | 2 bis 3 El Olivenöl | 1 Kl Maggikraut und/oder Majoran, frisch oder getrocknet | 1 Kl Meersalz | 1 KL Kümmel ganz | je 1 Prise Curcuma, Petersilie und Kerbel

Zubereitung Spinat:

- einen großen Topf bodenbedeckt mit Wasser füllen, 1 Prise Petersilie [Hn] beimengen
- Herd einschalten [F]
- Kerbel [En], Liebstöckl [Mw], Kümmel gemahlen [Ww] zum Wasser geben
- gewaschenen Spinat [Hkü] zugeben und etwa 10 Minuten dämpfen lassen, danach pürieren
- in einem extra Topf Butter [En] zergehen lassen
- Mehl darin anschwitzen [Ekü]
- mit Milch zu einer Einmach verrühren [Ekü]
- Knoblauch zerdrücken [Mw] und dazu geben, mit Salz [Ww] würzen und den passierten Spinat [Hkü] hinzu fügen
- Muskatnuss [Fh] und Paprika süß [Ew] zugeben, nach Geschmack noch mit Knoblauch [Mw] und Salz [Ww] nachwürzen
- mit Kartoffel-Rösti und Spiegelei servieren

Zubereitung Rösti:

- Kartoffeln (En) im Dampfdrucktopf weichkochen, schälen und in ca. ½ cm dicke Scheiben schneiden
- In einer Pfanne das Olivenöl (Ekü) erwärmen (F) (nicht über 100 Grad)
- Kleinwürfelig geschnittene Zwiebel (Mkü) im Olivenöl goldgelb anschwitzen – ihr Geschmack wird dadurch wieder süß (E)
- Kartoffeln (En) hinzufügen und gut durchrösten, bis sie leicht goldgelb und knusprig sind
- Mit Maggikraut (Mw) und /oder Majoran (Mw), Salz (Wn) und Kümmel (Ww) würzen
- Zum Schluss mit Petersilie (Hn), Curcuma (Fkü) und Kerbel (En) abschmecken

Zeichenbeschreibung:
H = Holz | F = Feuer | E = Erde | M = Metall | W = Wasser

Thermik der Nahrungsmittel:
n=neutral | w=warm | h=heiß | kü=kühl | ka=kalt ➲ z. B. Hkü = Holz kühl

TOPFEN-KARTOFFELLAIBCHEN

Zutaten:

¼ kg Magertopfen | 2 Eier | 1 Frühlingszwiebel | 2 mittlere Süßkartoffeln | 1 TL Meersalz | je 1 EL Sonnenblumenkerne und Kürbiskerne | 1 Prise Paprika süß und Kurkuma | frisches Maggikraut, Basilikum, Thymian, Petersilie | bei Bedarf Haferflocken oder/und Hirseflocken

Zubereitung:

- Kartoffeln [En] kochen und mit einer Gabel in einer Schüssel zerdrücken
- klein geschnittene Frühlingszwiebel [Mw], Maggikraut [Mw] und Thymian [Mw] zufügen
- Meersalz [Ww] und Eier [Wn] untermischen
- der Reihe nach unterrühren: Topfen [Hkü] und Petersilie [Hn] (frisch oder getrocknet), Basilikum klein geschnitten [Fw], Kurkuma [Fkü] und Paprika [Fn]
- Sonnenblumen- und Kürbiskerne [En]
- bei Bedarf Hafer- [Fw] oder/und Hirseflocken [En] untermengen
- Masse 15 Minuten stehen lassen
- mit einem Esslöffel Nockerl ausstechen und in wenig Olivenöl (max. 100 Grad erhitzt) auf beiden Seiten knusprig braten (ca. 5 min. je Seite)
- auf Gemüsesoße und mit frischem Blatt- oder Tomatensalat servieren!

Tipps:

Falls Sie statt des Topfens Tofu verwenden wollen, fügen Sie den Kartoffeln fein geriebenen Tofu zu und lassen den Topfen (Quark) einfach weg.

Süßkartoffeln stärken die Milz und sind deshalb bei Milz-Qi-Schwäche (Appetitlosigkeit, Bauchschmerzen nach dem Essen, Ödeme, Müdigkeit, Konzentrationsschwäche) ein ideales Lebensmittel. 300 g täglich für 1 Woche können das Milz-Qi wieder ins Lot bringen. Süßkartoffeln trocknen vorhandene Feuchtigkeit.

Wirkung:

befeuchtend, für die warme Jahreszeit

Zeichenbeschreibung:
H = Holz | F = Feuer | E = Erde | M = Metall | W = Wasser

Thermik der Nahrungsmittel:
n=neutral | w=warm | h=heiß | kü=kühl | ka=kalt ➲ z. B. Hkü = Holz kühl

TRUTHAHN-GESCHNETZELTES IN MUSKATKÜRBIS-SAUCE

Zutaten:

2 EL Olivenöl | 2 EL Rapsöl | 250 g Muskatkürbis | 300 g Truthahnfleisch | ½ Lauch | 1 große Zehe Knoblauch | 1 Msp. Basilikum und Liebstöckl | 1 TL Meersalz | 2 bis 3 EL Salzsole | 1 TL Sesam | 1 TL Suppenwürze | 1 Msp. Petersilie | 1 Prise Kurkuma und Paprika süß

Zubereitung:

- Herd einschalten [F]
- Olivenöl [Ekü] auf 100 Grad erhitzen
- Muskatkürbis [En] klein würfeln und im Öl etwas anrösten
- fein geschnittenen Lauch [Mw] zugeben und mitrösten
- Basilikum [Mw] und Liebstöckl [Mw] zugeben
- mit Salzsole [Wn] aufgießen und Suppenwürze [Hn] beifügen
- 15 bis 20 Minuten leicht köcheln lassen, bis der Kürbis sich mit der Gabel zerdrücken lässt
- in der Zwischenzeit das Fleisch zubereiten
- Herd einschalten [F], Rapsöl [Ew] in einer Pfanne heiß werden lassen
- grob geschnittenes Truthahnfleisch [En] zugeben
- zerdrückte Knoblauchzehe [Mw] zugeben und rösten, bis das Fleisch beinahe durch ist
- jetzt mit Meersalz [Ww] würzen
- Sesam [Hw], Petersilie [Hn] und Fleisch nun zur Kürbissoße geben, mit Kurkuma [Fkü] und Paprika süß [Ew] würzen.
- Dazu passen Spätzle und frischer grüner Salat wunderbar.

Wirkung:

baut Säfte und Qi auf, stärkt die Erde (Magen und Milz)

Zeichenbeschreibung:
H = Holz | F = Feuer | E = Erde | M = Metall | W = Wasser

Thermik der Nahrungsmittel:
n=neutral | w=warm | h=heiß | kü=kühl | ka=kalt ➲ z. B. Hkü = Holz kühl

WIENERSCHNITZEL VOM HUHN

Zutaten:

2 Hühnerschnitzel, à 100 bis 150 g | Meersalz | Kerbel oder Petersilie getr. | getr. Liebstöckl | Kurkuma | 3 bis 4 EL gemahlene Gerste | 1 Ei | 3 bis 4 EL Vollkornbrösel | Sonnenblumenöl

Zubereitung:

- Hühnerfilets waschen und trocken tupfen [Mw]
- eine Seite mit Liebstöckl [Mw] würzen
- dann beidseitig mit Meersalz [Ww] salzen
- nun die zweite Seite mit Kerbel oder Petersilie [Hn] bestreuen und mit Kurkuma [Fkü] abschließen
- Die Hühnerschnitzel in Gerstenmehl [Ekü] wälzen
- danach in verquirltes Ei [En] tauchen und zum Abschluss in Vollkornbrösel [En] geben, leicht andrücken
- Sonnenblumenöl [Ekü] erhitzen und die Schnitzel in 10 bis 15 Minuten beidseitig goldgelb backen. Dazu passen Petersilienkartoffel oder Erbsenreis und Salat (Vogerlsalat, grüner Salat, Karfiolsalat)

Wirkung:

Qi aufbauend, empfehlenswert in der kalten Jahreszeit bzw. bei Kältezuständen (nicht bei innerer Unruhe, Gereiztheit, kreisenden Gedanken, Hitzeschüben)

Tipps:

Verwenden Sie Fleisch aus biologischer Landwirtschaft bzw. artgerechter Haltung. Sie führen sich damit bessere Energie zu und leisten gleichzeitig einen wichtigen Beitrag zur Erhaltung des ökologischen Gleichgewichts.

Mit dem Backen yangisieren Sie das Gericht, das heißt, Sie führen Wärme zu.

Die Gerste hingegen nimmt etwas von dieser Hitze wieder heraus und stärkt den Magen und die Milz = die Verdauungsfunktion. Somit haben Sie ein neutrales bis leicht wärmendes Gericht, das Qi = Kräfte aufbaut.

Zeichenbeschreibung:
H = Holz | F = Feuer | E = Erde | M = Metall | W = Wasser

Thermik der Nahrungsmittel:
n=neutral | w=warm | h=heiß | kü=kühl | ka=kalt ➲ z. B. Hkü = Holz kühl

Getreide

GEFÜLLTE PAPRIKA IN TOMATENSAUCE

Zutaten:
125 ml Hirse | 1 Zwiebel | ¼ l warmes Wasser | 1 bis 2 EL Olivenöl | 4 ½ EL Suppenwürze | 8 bis 10 Tomaten | frischer Majoran, Basilikum, Petersilie | etwa 60 ml heißes Wasser | 2 TL Suppenwürze | 3 EL Sojahack | 3 mittelgroße Paprika | je 1 Prise Kurkuma, Paprika süß, Thymian

Zubereitung:

- Hirse heiß abspülen [En]
- Platte einschalten [F]
- 1 EL Olivenöl [Ekü] erhitzen, fein geschnittene Zwiebel [Mkü] zugeben und rösten
- mit ¼ l warmem Wasser aufgießen [W]
- 1,5 EL Suppenwürze zufügen [Hn], Majoran und Basilikum [Fw] einrühren und Hirse [En] zufügen
- ca. 15 Minuten ohne umrühren köcheln lassen, ausschalten und nachquellen lassen
- Sojahack [Wkü] mit heißem Wasser [W] aufgießen, mit Suppenwürze [Hn] vermischen
- der Reihe nach unterrühren: klein geschnittene Petersilie [Hn], Kurkuma [Fkü], Paprika [Ew], Thymian [Mw]; es sollte eine feste Masse entstehen. Alles 10 Minuten ziehen lassen
- zur fast erkalteten Hirse geben, durchmischen und in frische, ausgehöhlte Paprika [Ekü] füllen
- Tomaten [Hk] in kleine Stücke schneiden und in einem Topf mit 3 EL Suppenwürze [Hn] vermischen,
- Platte einschalten [F]
- Gefüllte Paprika einlegen [En] und für ca. 30 bis 40 Minuten leicht köcheln bzw. ziehen lassen
- mit gekochten Kartoffeln servieren.

Wirkung:
stärkt die Mitte, alkalisiert, baut Säfte auf

Zeichenbeschreibung:
H = Holz | F = Feuer | E = Erde | M = Metall | W = Wasser

Thermik der Nahrungsmittel:
n=neutral | w=warm | h=heiß | kü=kühl | ka=kalt ➲ z. B. Hkü = Holz kühl

GETREIDE-LINSEN-TOFU-TALER

Zutaten:

90 g Grünkern grob geschrotet | 200 g Bärlauch-Tofu, fein gerieben | 1 Prise Rosenpaprika scharf | 1 Ei | 1 St. Frühlingszwiebel | Olivenöl | 2 dünne Scheiben frischer Ingwer | bei Bedarf noch etwas Dinkelgrieß | 0,2 l Wasser | 1 Prise Kurkuma | 60 g rote Linsen od. Berglinsen | 1 Prise Kerbel | ½ Suppenwürfel | 50 g Sonnenblumenkerne | je 1 Prise Majoran, Basilikum, Kreuzkümmel, Koriander

Zubereitung:

- Herd einschalten [F]
- Olivenöl [Ekü] in einem Topf erwärmen
- gehackten Ingwer [Mw] kurz anrösten, mit warmem Wasser [W] aufgießen, Linsen [Wn] und Suppenwürfel [Hn] zugeben, kurz köcheln lassen, Grünkern [Hn] einrühren
- Kurkuma [Fkü] und Rosenpaprika scharf [Fw] zufügen, Herd ausschalten
- 5 min. unter Umrühren kochen, danach 1 Std. ziehen lassen
- wenn erkaltet, Tofu fein reiben [En] und untermengen
- Majoran, Basilikum, Kreuzkümmel und Koriander [Mw] zugeben
- klein geschnittene Frühlingszwiebel [Mw] und Ei [Wn] unterrühren, mit Kerbel [Hn] und Kurkuma [Fkü] würzen

Wirkung:

stärkt Nieren und Leber, passt für jede Jahreszeit

- Sonnenblumenkerne [En] und bei Bedarf (falls Masse zu weich) Dinkelgrieß [Ew] zufügen
- mit einem Esslöffel kleine Portionen im auf 100 Grad erwärmten Olivenöl [Ekü] flachdrücken (oder kleine Laibchen formen und in Vollkornbrösel wälzen). Kurz von beiden Seiten anbraten, bis die Taler goldgelb sind. Dazu passen Kartoffelpüree und frischer Salat.

Zeichenbeschreibung:
H = Holz | F = Feuer | E = Erde | M = Metall | W = Wasser

Thermik der Nahrungsmittel:
n=neutral | w=warm | h=heiß | kü=kühl | ka=kalt ➲ z. B. Hkü = Holz kühl

GRÜNKERNAUFSTRICH

Zutaten:

100 g Grünkernschrot, grob | 1 Frühlingszwiebel | 1 TL getr. Basilikum | 4 bis 5 fein zerstoßene Fenchelsamen | 1 EL Suppenwürze | 200 ml Wasser | 1 EL selbst gezogene Mungobohnensprossen (oder gekaufte Sojasprossen) | 200 g Cottage Cheese | 1 Prise Kurkuma und scharfer Paprika | ½ Packung (= 100 g) fein geriebener Tofu (Nuss-Sesam oder Tofu rosso) | 1 Karotte | 1 TL Kren (Meerrettich) | frischer Schnittlauch

Grünkernaufstrich:

- geschroteten Grünkern [Hn] in einen Topf geben, Herd einschalten [F]
- Suppenwürze [En] und fein zerstoßenen Fenchel [Eh) zugeben, mit Basilikum [Mw] kurz anrösten
- mit 200 ml heißem Wasser aufgießen, 10 Minuten zugedeckt köcheln lassen, 15 bis 30 Minuten nachquellen
- nach der Nachquellzeit Sprossen [Wkü] zugeben (falls nicht vorhanden, einfach weglassen oder Sojasprossen verwenden)
- Cottage Cheese [Hkü] unterrühren
- Kurkuma [Fkü] und scharfen Paprika [Fw], den geriebenen Tofu [En], geraspelte Karotten [En], Frühlingszwiebel [Mw] und geriebenen Kren [Mw] zugeben und alles gut vermischen. mit Schnittlauch [Mw] garnieren. Schmeckt gut auf Roggenbrot

Tipps:

Die Kombination aus Grünkern (entfeuchtend) und Frischkäse (befeuchtend) ergibt eine ausgeglichene Mischung. Viele Gewürze unterstützen zusätzlich die Verdauung. Achten Sie bei der Wahl des Brotes auf biologische Qualität, auch z. B. auf Sauerteig, oder Backferment.

Fenchel harmonisiert den Magen und unterstützt, wie so viele Kräuter und Gewürze, die Verdauungsfunktion. Gleichzeitig wärmt er auch die Nieren und die Leber und tonisiert unser Yang (= Aktivität, Wärme, Kraft, ...).

Wirkung:

baut Säfte auf, entstaut Leber und Galle; ein Gericht für den Sommer

Zeichenbeschreibung:
H = Holz | F = Feuer | E = Erde | M = Metall | W = Wasser

Thermik der Nahrungsmittel:
n=neutral | w=warm | h=heiß | kü=kühl | ka=kalt ➲ z. B. Hkü = Holz kühl

Wirkung:
baut Säfte auf,
entstaut Leber
und Galle

GRÜNKERNKNÖDEL IN CHAMPIGNON-LAUCHSAUCE

Zutaten:
100 g Grünkernschrot, grob | 250 g Champignon | 1 Frühlingszwiebel | ½ Stange Lauch | 1 EL Suppenwürze | 2 bis 3 dünne Scheiben Ingwer | 200 ml Wasser | 1 EL Salzsole | 1 Ei | ¼ l Soja-Cuisine | 1 EL Magertopfen | 1 EL Suppenwürze | 50 g Dinkel- oder Hirsemehl | frisches Basilikum (oder 1 Prise Paprika) | bei Bedarf schwarzes Knödelbrot | frische Petersilie | 1 TL getr. Basilikum | 2 EL Olivenöl | 1 Prise Kurkuma und scharfer Paprika

Grünkernknödel:
- Grünkern [Hn] in einen Topf geben
- Herd einschalten [F]
- Suppenwürze zugeben [En], mit Basilikum [Mw] kurz anrösten
- mit 200 ml heißem Wasser aufgießen, 10 Minuten zugedeckt köcheln lassen, 30 Minuten nachquellen
- wenn erkaltet Magertopfen [Hkü] zugeben
- Kurkuma [Fkü] und scharfen Paprika [Fw] einstreuen, Ei [En] und Mehl [Ew] zugeben, bei Bedarf auch Knödelbrot [En]
- Frühlingszwiebel [Mw] und Basilikum [Mw] beifügen und alles gut vermischen, mit feuchten Händen kleine Knödel formen und in kochendes Salzwasser geben, für 20 Minuten ziehen lassen

Tipp:
Sollten Sie keine Milchprodukte vertragen können Sie statt des Topfens auch 1 EL Seidentofu oder geriebenen Tofu zugeben [Wn]. Für das Element Holz geben Sie 1 TL frische oder getrocknete Petersilie zu [Hn]. Danach fahren Sie wie angegeben fort.

Soße:
- Herd einschalten [F]
- etwas Olivenöl [Ekü] erhitzen und blättrig geschnittene Champignons [Eka], fein geschnittenen Ingwer [Mw] und Lauch [Mw] anrösten
- mit etwas Salzsole löschen [Wn], Soja-Cuisine zugeben [Wkü]
- Suppenwürze [Hn], Basilikum [Fw] oder Paprika [Fw] und gehackte Petersilie [En] unterrühren
- Knödel auf Soße anrichten, ev. mit Kresse [Mn] garnieren

Zeichenbeschreibung:
H = Holz | F = Feuer | E = Erde | M = Metall | W = Wasser

Thermik der Nahrungsmittel:
n=neutral | w=warm | h=heiß | kü=kühl | ka=kalt ➲ z. B. Hkü = Holz kühl

GRÜNKERN-GEMÜSE-SUGO

Zutaten:

50 g grob geschroteten Grünkern | 125 ml heißes Wasser | ½ Zucchini | 2 Karotten | 1 kl. Fenchel | 2 Stangen Frühlingszwiebel | 2 bis 3 dünne Scheiben frischer Ingwer | unpassierte Tomatensoße | 1EL Suppenwürze | 1 Prise Kurkuma | 2 bis 3 Fenchelkörner, im Mörser zerstoßen | je 1 TL getrockneten Basilikum und Oregano | 2 bis 3 Stk. Angelikawurzel [Mw] (Angelica archangelica – erhältlich in Apotheken) – im Mörser fein zerstoßen

Zubereitung:

- Grünkern in eine Pfanne geben [Hn]
- Herd einschalten [F]
- zerstoßene Fenchelkörner [Eh], zerstoßene Angelikawurzel [Mw], fein gehackte Frühlingszwiebel [Mw] und fein geschnittenen Ingwer [Mw] zugeben. Nun alles leicht anrösten (ohne Fett)
- mit heißem Wasser [W] aufgießen (Grünkern nimmt viel Wasser auf. Bei Bedarf Wasser nachgeben! Aber Achtung, es kommt noch Tomatensoße dazu)
- Tomatensoße [Hkü] und Suppenwürze [Hn] zugeben
- Kurkuma [Fkü], geraspelte Zucchini [Ekü], Karotten [En] und Fenchel [Ew] dazu mischen und kurz durchziehen lassen (das Gemüse darf ruhig noch knackig sein)
- mit Basilikum [Mw] und Oregano [Mw] würzen (sollten Sie frisches Basilikum und Oregano haben, bereits mit dem Kurkuma zugeben)

Tipp:

Angelikawurzel ist eine Heilpflanze und harmonisiert die Mitte, indem sie den Magen entschleimt. Sie hilft bei Sodbrennen, Blähungen und fördert die Produktion der Verdauungssäfte. Sie wirkt wärmend und lösend.

Wirkung:

baut sowohl Säfte als auch Qi auf

Zeichenbeschreibung:
H = Holz | F = Feuer | E = Erde | M = Metall | W = Wasser

Thermik der Nahrungsmittel:
n=neutral | w=warm | h=heiß | kü=kühl | ka=kalt ➲ z. B. Hkü = Holz kühl

Wirkung:
löst Leber-Qi-Stagnation (körperliche und psychische Angespanntheit, leichte Erregbarkeit), baut Säfte auf

DINKELTALER

Zutaten:

90 g Dinkel, grob geschrotet (oder 1:1 Dinkel und Gerste oder Grünkern) | 60 ml Sojamilch (oder normale Milch) | 60 ml Wasser | 1 TL Meersalz | 75 g Zucchini oder Karotten | 50 g Sonnenblumenkerne | 1 Prise Paprika scharf | 1 TL Majoran | 1 Zehe Knoblauch | frische Petersilie | 1 Jungzwiebel | 1 TL Suppenwürze

Zubereitung:

- Dinkel [Ew] mit Milch [En] vermengen
- Majoran [Mw], fein gehackte Zwiebel [Mw], Knoblauch [Mw], Meersalz [Ww] und Wasser zugeben
- jetzt die Suppenwürze [Hn], fein gehackte Petersilie [Hn], Paprika [Fw] und fein gestiftelte Zucchini [Ekü] oder Karotten [En] dazu rühren
- Sonnenblumenkerne, die ohne Fett kurz geröstet sind, zugeben [En]
- Masse ca. 30 Minuten quellen lassen
- wenig Olivenöl in einer Pfanne erhitzen, den Teig löffelweise zu Talern formen und braten, je Seite etwa 5 Minuten
- mit frischem Blattsalat und Kartoffelpüree servieren
- wunderbar vorzubereiten und als Jause zum Wandern mitzunehmen

Tipp:

Milch befeuchtet die Lungen und ist deshalb bei trockenem Husten oder trockener Haut eine wertvolle Unterstützung. Sie tonisiert unser Yin und die Essenz Jing.
Sie befeuchtet auch den Magen, deshalb führt ein Übermaß an Milchkonsum (oder Milchprodukten) zur Verschleimung.
Die Verdauungswärme bzw. -funktion wird geschwächt, da durch die Feuchtigkeit die Lebensenergie Qi nicht mehr so gut zirkulieren kann. Es kann zum „tropischen Klima" in unserer Mitte kommen.

Natürlich belassene, unbehandelte Milch verfügt über wesentlich mehr Qi als pasteurisierte Milch und verschleimt deshalb auch viel weniger!

Zeichenbeschreibung:
H = Holz | F = Feuer | E = Erde | M = Metall | W = Wasser

Thermik der Nahrungsmittel:
n=neutral | w=warm | h=heiß | kü=kühl | ka=kalt ➲ z. B. Hkü = Holz kühl

HIRSENOCKERL, PIKANT

Zutaten:

125 g Hirse (oder Hirsemehl) | 2 kleine Eier (oder 1,5 große) | 200 g Magertopfen (oder Basilikum-Tofu) | 1 TL Salz | 1 Prise Petersilie | 1 Prise Basilikum frisch | 1 Prise Dill | 1 Prise Majoran | 50 g Käse

Zubereitung:

- Hirse fein mahlen [En]
- Eidotter [En] zufügen, Eiklar gesondert zu Schnee schlagen und beiseite stellen
- Majoran, getrocknet [Mw], Meersalz [Ww] und Topfen [Hkü] zugeben, wenn gewünscht, statt des Topfens den Tofu [Wn], fein gerieben, zugeben
- fein gehackte Petersilie [Hn] und Basilikum dazu mengen [Fw]
- Käse fein reiben [Ekü] und untermischen, zuletzt die Dille [Mw] einrühren
- Masse ca. 15 Minuten stehen lassen, bevor Sie den Schnee [Wkü] unterheben
- Aus der Masse mit einem Esslöffel Nockerl ausstechen und in heißem Wasser 25 Minuten ziehen lassen, nach der halben Zeit einmal umdrehen
- auf Gemüsesoße und mit frischem Blattsalat oder in der klaren Kraftsuppe servieren

Tipp:

Hirse entfeuchtet, Topfen bzw. Tofu befeuchten – ein Ausgleich entsteht. Die Kräuter machen das Gericht zusätzlich bekömmlich.

Wirkung:

stärkt die Mitte, alkalisiert, für die warme Jahreszeit

Zeichenbeschreibung:
H = Holz | F = Feuer | E = Erde | M = Metall | W = Wasser

Thermik der Nahrungsmittel:
n=neutral | w=warm | h=heiß | kü=kühl | ka=kalt ➲ z. B. Hkü = Holz kühl

HIRSE-SOJALAIBCHEN

Zutaten:

60 ml Hirse (heiß gewaschen) | 50 g Sojahack | 125 ml heißes Wasser | ca. 100 ml heißes Wasser zum Quellen | 1 EL Suppenwürze | 1 Frühlingszwiebel | 1 kl. Zwiebel | 3 Stangen kleinen Blattbrokkoli | 2 dünne Scheiben frischer Ingwer | 1 Prise Paprikapulver mild | 1 EL Olivenöl | Vollkornbrösel | 1 Prise Kurkuma | Olivenöl zum Ausbacken | 1 Prise Kerbel

Zubereitung:

- Herd einschalten [F]
- Olivenöl [Ekü] im Topf erhitzen
- klein geschnittene Zwiebel [Mkü] und klein geschnittenen Ingwer [Mw] zugeben, mit 125 ml heißem Wasser aufgießen [W]
- 1 TL Suppenwürze [Hn] und Kurkuma [Fkü] beigeben
- Hirse [En] einrieseln lassen, 10 bis 15 Minuten bei milder Hitze kochen ohne umzurühren, wenn die Hirse aufgesprungen ist ausschalten und nachquellen u. auskühlen lassen
- in der Zwischenzeit Sojahack [Wkü] mit heißem Wasser aufgießen und quellen lassen ACHTUNG: nicht zu feucht, sonst fallen die Laibchen auseinander; sollte das Sojahack ungewürzt sein, fügen Sie 1 TL Suppenwürze [Hn] hinzu
- zur ausgekühlten Hirse [En] klein geschnittenen Brokkoli [En] geben
- Frühlingszwiebeln, gehackt [Mw], beifügen
- Sojahack darunter mischen [Wn], dann Kerbel [Hn] und Paprikapulver [Fn]
- Laibchen formen, in Vollkornbrösel [En] wälzen und in Olivenöl bei ca. 100 Grad ausbacken

Wirkung:

Milz-, Magen- und Nieren-Qi stärkend

Zeichenbeschreibung:
H = Holz | F = Feuer | E = Erde | M = Metall | W = Wasser

Thermik der Nahrungsmittel:
n=neutral | w=warm | h=heiß | kü=kühl | ka=kalt ➲ z. B. Hkü = Holz kühl

HIRSE-TOFULAIBCHEN

Zutaten:

¼ l Hirse | ½ l Gemüsesuppe oder Wasser | 1 Zwiebel, fein geschnitten | 1 TL Majoran | 1 TL Liebstöckl | frischen, geriebenen Ingwer | 100 g Käse, gerieben | 20 g Vollkornbrösel (oder Hirseflocken) | 1 Frühlingszwiebel | 200 g Räuchertofu | 1 Ei | 3 EL Suppenwürze (falls nicht in Suppe gekocht) | Olivenöl | frisch gehackte Petersilie | Meersalz | 1 Prise Paprika mild, Kurkuma

Zubereitung:

- Hirse vor dem Kochen zuerst heiß, danach kalt abspülen (sonst schmeckt sie bitter)
- Herd einschalten [F]
- Olivenöl [Ekü] erhitzen, Zwiebel anrösten [Mkü], Majoran und Liebstöckl zufügen [Mw]
- mit Salzsole [Wn] und ½ l Wasser aufgießen [W]
- Biosuppenwürze beigeben [Hn], Paprika [Fn] oder Kurkuma [Fkü] und die gewaschene Hirse [En] zufügen
- ca. 15 bis 20 min. dünsten (bis die Hirse aufspringt); während der Kochzeit nicht umrühren
- Hirse auskühlen lassen
- Räuchertofu [En] in einer Schüssel mit einer Gabel zerdrücken oder fein reiben und geriebenen Käse beimengen [En]
- 20 g Vollkornbrösel zugeben [En] (oder Hirseflocken [En])

Tipp:

Sollten Sie Käse nicht vertragen, lassen Sie ihn einfach weg.

Wirkung:

augleichend, die Mitte stärkend, sowohl befeuchtend und Säfte als auch Yang aufbauend

- gekochte Hirse [En] zugeben
- Ingwer [Mw], Frühlingszwiebel [Mw], Ei [Wn] und Salz [Ww] zugeben
- frische Petersilie [Hn], Paprika [Fn] oder Kurkuma [Fkü] zugeben und alles gut vermischen
- Aus dieser Masse kleine Knödel formen, vorsichtig zu Laibchen flach drücken, in Vollkornbröseln [En] wälzen und in Olivenöl [Ekü] ausbacken

Zeichenbeschreibung:
H = Holz | F = Feuer | E = Erde | M = Metall | W = Wasser

Thermik der Nahrungsmittel:
n=neutral | w=warm | h=heiß | kü=kühl | ka=kalt ➲ z. B. Hkü = Holz kühl

Wirkung:
kühlt Leberhitze, baut Blut und Säfte auf, ideal für die warme Jahreszeit (Frühling/Sommer)

KRÄUTERLAIBCHEN

Zutaten:

6 EL Bulgur vom Buchweizen (oder grob geschroteten Buchweizen] | 1 TL Suppenwürze | 1 Prise Kurkuma | 1 TL Kerbel | 1 Lorbeerblatt | 125 ml warmes Wasser | 250 g Magertopfen | 1 Prise Paprika mild | 1 TL Majoran | 1 TL Basilikum | 2 Frühlingszwiebeln | 1 bis 2 Eier | 50 g Schinken | 1 TL Meersalz | 200 g Cottage-Cheese | etwas Vollkornbrösel oder Braunhirse gemahlen | 2 EL Sonnenblumenkerne | Vollkornbrösel | Olivenöl zum Ausbacken

Zubereitung:

- Suppenwürze [Hn] gemeinsam mit Bulgur vom Buchweizen [Fkü] in einen Topf geben
- Herd einschalten [F]
- Kurkuma [Fkü], Kerbel [En], Lorbeerblatt [Mw] zufügen und kurz anrösten, mit warmem Wasser [W] aufgießen
- 2 Minuten kochen und 15 bis 20 Minuten ausquellen und erkalten lassen
- Topfen [Hkü] dazugeben
- Paprika mild [Fn], Kurkuma [Fkü], Kerbel [En], Majoran [Mw], Basilikum [Mw] und Frühlingszwiebel [Mw] zugeben
- 1 bis 2 Eier [Wn], 50 g Schinken [Ww], Meersalz [Ww], Cottage Cheese [Hkü] und Paprika mild [Fn] untermischen
- bei Bedarf Vollkornbrösel [En] oder Braunhirse [En] dzu geben
- ev. 2 EL Sonnenblumenkerne [En]

› Laibchen formen, in Vollkornbröseln [En] wälzen, in Olivenöl [Ekü] kurz von beiden Seiten anbraten, bis die Taler goldgelb sind. Dazu passt Kartoffelpüree und frischer Salat.

Kräuter-Tofu-Laibchen

Auf dieselbe Weise werden Kräuter-Tofu-Laibchen zubereitet. Man nimmt anstatt der 250 g Magertopfen 250 g geriebenen Tofu [Wkü] und zusätzlich 1 EL Sesam [Hw]. Ansonsten geht man vor wie beschrieben.

Zeichenbeschreibung:
H = Holz | F = Feuer | E = Erde | M = Metall | W = Wasser

Thermik der Nahrungsmittel:
n=neutral | w=warm | h=heiß | kü=kühl | ka=kalt ➲ z. B. Hkü = Holz kühl

Wirkung:
stärkt die Niere,
wärmend

PIKANTER KICHERERBSEN-TOMATEN-EINTOPF

WARM

Zutaten:

1 Zwiebel | 1 grüner Paprika | ½ Zucchini | 5 Scheiben frischer Ingwer | 1 Frühlingszwiebel | 2 EL Olivenöl | 1 Dose gekochte Tomaten (ca. 150 g) | 1 TL Meersalz | 1 Prise Kurkuma | 2 EL Suppenwürze | 1 TL Bohnenkraut | 2 TL Pfeilwurzelmehl | 200 g Kichererbsen | 2 bis 3 Lorbeerblätter | Vollkornbaguette oder Roggenbrot | 1 TL Kerbel

Zubereitung:

- Kichererbsen [Wkü] in reichlich Wasser über Nacht einweichen (ev. Wasser austauschen)
- 2 EL Suppenwürze [Hn] zufügen
- Herd einschalten [F]
- Kerbel [En], Lorbeerblätter [Mw], Bohnenkraut [Mw] und Meersalz [Ww] zugeben
- Kichererbsen in etwa 25 Minuten weich kochen
- einen neuen Topf auf den Herd stellen [F], Olivenöl [Ekü] erwärmen
- klein geschnittenen grünen Paprika [Ekü] und Zucchini [Ekü] anschwitzen
- gehackte Zwiebel [Mkü] und gehackten Ingwer [Mw] zugeben
- gekochte Kichererbsen [Ww] mit restlichem Sud zufügen, ebenso die kleingeschnittenen Tomaten zufügen [Hk]
- 4 bis 5 EL Wasser mit Kerbel [Hn], Kurkuma [Fkü] und Pfeilwurzelmehl [En] vermischen und in den Eintopf einrühren
- Frühlingszwiebel [Mw] zugeben und mit Vollkornbaguette oder Roggenbrot servieren!

Tipp:

Kichererbsen stärken das Qi von Milz und Niere. Sie lassen sich wunderbar als Püree, eventuell gemeinsam mit Karotten, als Beilage servieren. Dazu 10 Minuten länger kochen und die restliche Kochzeit Petersilie [Hn], 1 Prise Kurkuma [Fkü] und klein geschnittene Karotten [En] beigeben, anschließend pürieren.

Zeichenbeschreibung:
H = Holz | F = Feuer | E = Erde | M = Metall | W = Wasser

Thermik der Nahrungsmittel:
n=neutral | w=warm | h=heiß | kü=kühl | ka=kalt ➲ z. B. Hkü = Holz kühl

QUINOA-TALER

Zutaten:
125 ml Quinoa | ¼ l warmes Wasser | ½ Lauch | 2 Schnitten frischer Ingwer | 1,5 EL Suppenwürze | 1 Prise Kurkuma | 1 Prise Petersilie getr. | 1 Becher Cottage Cheese mager (od. Magertopfen) | 1 Ei | 3 EL Kürbiskerne | 3 bis 4 EL Dinkelmehl (ev. auch mehr) | 1 Prise Paprika scharf | frischer Majoran | frische Petersilie | frischer Thymian

Zubereitung:
- Herd einschalten [F]
- Quinoa zugeben [En] und kurz anrösten, ebenso fein geschnittenen Lauch [Mw] und gehackten Ingwer [Mw]
- warmes Wasser [W] mit Suppenwürze [Hn], Kurkuma [Fkü] und Petersilie [En] verrühren und aufgießen
- Quinoa für 30 min. auf kleiner Flamme kochen und sporadisch umrühren; Herdplatte ausschalten und ca. 30 min. nachquellen lassen
- in einer Schüssel Cottage Cheese [Hkü], frischen Majoran [Fw] und abgekühlten Quinoa miteinander vermengen [En]
- Thymian [Mw], Ei [Wn], Petersilie [Hn], Paprika [Fw] und Mehl [Ew] nach Bedarf zugeben
- Kürbiskerne [En] zuletzt beimengen
- Olivenöl [Ekü] in einer Pfanne auf etwa 100 Grad erhitzen, mit einem Suppenlöffel etwas von der Masse in die Pfanne geben, flach drücken und in 6 bis 8 Minuten beidseitig braten, bis die Taler eine schöne Farbe haben. Mit frischem Blattsalat oder Gemüse servieren

Tipp:
Quinoa tonisiert das Blut und die Lebensenergie Qi. Das Korn stärkt die Mitte, das Nieren-Yang und vertreibt Kälte.

Wirkung:
stärkt die Mitte, entspannt die Leber, Gericht für Frühling und Sommer

Zeichenbeschreibung:
H = Holz | F = Feuer | E = Erde | M = Metall | W = Wasser

Thermik der Nahrungsmittel:
n=neutral | w=warm | h=heiß | kü=kühl | ka=kalt ➲ z. B. Hkü = Holz kühl

Wirkung:
wärmend, für
die kühle/kalte
Jahreszeit

REIS-KICHERERBSENLAIBCHEN

Zutaten:

70 g Vollkornreis | 2 EL Olivenöl | 1 TL Gemüsezwiebeln | 4 bis 5 Gewürznelken | ½ TL Meersalz | Petersilie | Kurkuma | 1 kl. Porreestange | 1 Tomate | 150 g getrocknete Kichererbsen | 1 Ei | 3 bis 4 Lorbeerblätter | 1 EL Suppenwürze | 1 Prise Kerbel | 1 Prise Cumin | 1 Prise Paprika, scharf | 1 EL Sesam | 100 g grüne Erbsen | 1 kl. roten Paprika | 1 Prise Curry

Zubereitung:

- Kichererbsen über Nacht in Wasser quellen lassen [Wkü], am nächsten Tag Suppenwürze [Hn] zufügen (ev. Wasser austauschen)
- Herd einschalten [F]
- Kerbel [En] und Lorbeerblätter [Mw] dazu geben und die Kichererbsen in 25 bis 30 Minuten weich kochen. Lorbeerblätter entfernen und danach mit dem Pürierstab pürieren (mit so wenig Flüssigkeit wie möglich - es sollte eine sehr trockene Masse entstehen)
- Für den Reis den Herd einschalten [F], Reis [En] und Gemüsezwiebel [Mkü] mit Nelken [Mw] gespickt zufügen und kurz anrösten
- mit der doppelten Menge warmem Wasser [W] aufgießen und 40 Minuten dünsten.
- Wenn der Reis das Wasser beinahe aufgesogen hat Meersalz [Ww], Petersilie [Hn], Kurkuma [Fkü] und Erbsen [Ekü] zufügen
- Nun die Kichererbsen-Masse [Mw], Cumin [Mw], Curry [Mh] und klein geschnittenen Porree [Mw] zugeben
- Ei [Wn], Sesam [Hw], scharfen Paprika [Fw], klein geschnittenen roten Paprika [Ekü] zugeben; sollte die Masse zu wenig fest sein, ev. etwas Vollkornbrösel [En] zugeben
- Masse 30 Minuten stehen lassen
- Laibchen formen und in Olivenöl [Ekü] von beiden Seiten knusprig backen

Zeichenbeschreibung:
H = Holz | F = Feuer | E = Erde | M = Metall | W = Wasser

Thermik der Nahrungsmittel:
n=neutral | w=warm | h=heiß | kü=kühl | ka=kalt ➲ z. B. Hkü = Holz kühl

Beilagen

Wirkung:
stärkt und wärmt die Mitte und die Nieren, leicht verdaulich; tonisiert die Milz, wirkt harntreibend und entgiftend; hilft bei Wasseransammlungen, Übergewicht und Hautproblemen; stärkt sowohl das Nieren-Yin als auch das Nieren-Yang

AZUKIBOHNENGEMÜSE

Zutaten:

100 bis 120 g Azukibohnen | 1 TL Biosuppenwürze | 1 Prise Rosenpaprika | 1 Prise Bohnenkraut | 1 Lorbeerblatt | 1 Zwiebel | ½ TL Maizena (oder Kartoffelstärke oder Kuzu) | 1 TL Liebstöckl | 1 TL Petersilie | 1 Prise Kurkuma | auf Wunsch Saurer Rahm

Zubereitung:

- ½ l Wasser mit den Bohnen zustellen und über Nacht (12 Std.) einweichen [Wn] (ev. Wasser austauschen)
- Biosuppenwürze zufügen [Hn]
- Herd einschalten [F]
- Rosenpaprika [Ew], Bohnenkraut [Mn], Lorbeerblatt [Mw], klein geschnittene Zwiebel [Mkü] dazu geben und alles etwa 30 Minuten kochen lassen
- Kuzu [Eka] mit Liebstöckl [Mw] und Wasser [W] vermischen und unter die Bohnen rühren
- nach Wunsch noch Rahm zufügen [Hkü] oder/und frische Petersilie [Hn], Kurkuma [Fkü] und Rosenpaprika [Ew]

Tipps:

Kuzu oder Wildpfeilwurzelmehl ist ein Bindemittel, ähnlich Maizena oder Kartoffelstärke. Kuzu harmonisiert den Verdauungstrakt, vertreibt Blähungen, tonisiert das Qi und hilft bei Problemen mit dem Dickdarm.

Die Azukibohne gehört, ebenso wie die Sojabohne, zu den Hülsenfrüchten. Der Geschmack ist süß und kräftig. Sie ist ein erstklassiger Eiweißlieferant und liefert pro 100 g 360 kcal.

Zeichenbeschreibung:
H = Holz | F = Feuer | E = Erde | M = Metall | W = Wasser

Thermik der Nahrungsmittel:
n=neutral | w=warm | h=heiß | kü=kühl | ka=kalt ➲ z. B. Hkü = Holz kühl

BROKKOLIGEMÜSE

Zutaten:

1 Brokkoli | 1 Schnitte frischer Ingwer | 20 g Butter | Olivenöl | 1 Prise Petersilie | 1 Prise Kurkuma | 1 bis 2 EL Salzsole

Zubereitung:

- Herd einschalten [F]
- Olivenöl [Ekü] leicht erhitzen
- Brokkoli [En] in kleine Röschen zerteilen und im Öl kurz anschwitzen
- klein gehackten frischen Ingwer [Mw] zugeben
- Salzsole [Wn], Petersilie [Hn] und Kurkuma [Fkü] dazu geben
- 10 min. zugedeckt dünsten, immer wieder umrühren
- Butter [En] darüber zergehen lassen und Brokkoli darin schwenken

Wirkung:

befeuchtend, kühlt Leber und Blut

Tipps:

Ingwer ist einer der acht Schätze der chinesischen Heilküche.

Frischer Ingwer ist von der Thermik her warm und zeigt Wirkung in Magen und Lunge. Er regt die Verdauung an, transformiert Schleim und hilft bei Husten.

Getrockneter Ingwer ist von der Thermik her heiß (er enthält keine Säfte mehr, sondern ist trocken), deshalb auch vorsichtiger einzusetzen. Er wärmt Niere, Milz, Magen, Herz und Lunge und hilft bei Kälteempfindlichkeit.

Am besten Biobutter verwenden! Butter befeuchtet und hilft bei trockener Haut und Verstopfung. Sie tonisiert unser Qi, Blut, Yin und die Essenz Jing. In Maßen eingesetzt ist sie ein wertvolles Lebensmittel.

Zeichenbeschreibung:
H = Holz | F = Feuer | E = Erde | M = Metall | W = Wasser

Thermik der Nahrungsmittel:
n=neutral | w=warm | h=heiß | kü=kühl | ka=kalt ➲ z. B. Hkü = Holz kühl

CRISP-KARTOFFELN

Zutaten:

6 mittlere Kartoffeln | 2 bis 3 EL Olivenöl | 1 TL Basilikum getr. | 1 bis 2 TL Meersalz | 1 EL Sesam | 1 Prise Kurkuma | 1 TL Kerbel oder/und 1 EL Leinsamen

Zubereitung:

- Herd einschalten [F]
- Olivenöl [Ekü] in einer Pfanne auf 100 Grad erhitzen
- Kartoffeln [En] kleinwürfelig schneiden, in die Pfanne geben und unter mehrmaligem Wenden goldbraun braten (Dauer: ca. 15 bis 20 Minuten)
- wenn die Kartoffeln fertig gegart sind Platte ausschalten, getr. Basilikum [Mw] zufügen, salzen [Ww], Sesam darüber streuen [Hw]
- noch Kurkuma [Fkü], Kerbel [En] und/oder Leinsamen [Ew] beifügen, passt wunderbar zu Fisch oder Fleisch

Wirkung:

wärmend bzw. ausgleichend und stärkend für die Mitte (Magen und Milz)

Tipp:

Leinsamen enthält wertvolle Omega-3-Fettsäuren. Im Ganzen verzehrt hilft er bei Verstopfung (dem Gericht beigemengt oder über Nacht 1 TL in ein Glas Wasser eingeweicht, das Sie morgens trinken). Geschrotet oder in der Kaffeemühle gemahlen unterstützt er den Verdauungstrakt und Sie können zusätzlich auch die Omega-3-Fettsäuren aufnehmen. Achtung: Zu Leinsamen immer viel trinken. Fehlt das Wasser, kann Leinsamen mehr schaden als nützen.

Zeichenbeschreibung:
H = Holz | F = Feuer | E = Erde | M = Metall | W = Wasser

Thermik der Nahrungsmittel:
n=neutral | w=warm | h=heiß | kü=kühl | ka=kalt ➲ z. B. Hkü = Holz kühl

DINKEL-KAMUT-SPÄTZLE

Zutaten:

je 100 g Kamut und Dinkel, fein gemahlen | 1 EL Leinsamen, geschrotet | 1 TL Majoran | 1 TL Meersalz | 1 Ei | 1 Prise Petersilie oder Kerbel | 1 Prise Paprika, edelsüß | Wasser nach Bedarf

Zubereitung:

- Mehl [Ew] in eine Schüssel geben
- Majoran [Mw] zugeben
- Ei [Wn], Meersalz [Ww] und Wasser nach Bedarf zugeben, sodass eine zähe Masse entsteht
- Petersilie oder Kerbel [Hn] hinein rühren, sodann Paprika [Fn] und Leinsamen [Ew] dazu geben
- Masse 15 Minuten stehen lassen
- mit einem Nockerlsieb oder Nockerlbrett feine Nockerl in kochendes Salzwasser geben, einige Minuten ziehen lassen – die Nockerl müssen an der Oberfläche schwimmen. Danach eine kleine Menge kaltes Wasser zugießen, abseihen.
- mit Gemüsesoße oder als Beilage servieren!

Wirkung:

befeuchtend, für die warme Jahreszeit

Tipp:

Kamut ist ein Urgetreide und in der Wirkung ähnlich dem Dinkel bzw. dem Weizen. Weizen beruhigt den Geist und hilft bei Unruhe und Schlafstörungen.
Kochen Sie dazu 1 EL Weizen mit ½ l Wasser ca. 20 Minuten und trinken Sie dieses Wasser, bevor Sie ins Bett gehen.

Sie können statt des Dinkels oder des Kamuts 100 g Gerste verwenden. Mit der Gerste schmecken die Spätzle leicht nussig und unterstützen die Verdauungsfunktion.

Zeichenbeschreibung:
H = Holz | F = Feuer | E = Erde | M = Metall | W = Wasser

Thermik der Nahrungsmittel:
n=neutral | w=warm | h=heiß | kü=kühl | ka=kalt ➲ z. B. Hkü = Holz kühl

KARTOFFELPÜREE

Zutaten:
6 mittelgroße Kartoffeln | 1 Suppenwürfel bzw. 1 EL Suppenwürze | 1 Prise Muskatnuss | 1 TL Butter | ca. ¼ l Milch | 1 TL Liebstöckl oder Basilikum | 1 Prise Kümmel, gemahlen | ev. noch Meersalz

Zubereitung:
- Kartoffeln im Dampfdrucktopf garen und schälen
- Suppenwürze[Hn] in einen Topf geben
- Herd einschalten [F], Muskatnuss [Fh], Milch und Butter [En] zufügen
- Kartoffeln zugeben und zerdrücken [En]
- würzen mit Liebstöckl [Mw] oder/und Basilikum [Mw] und Kümmel [Ww], zuletzt Meersalz [Ww], falls zu wenig gewürzt

Wirkung:
befeuchtend, stärkt die Mitte

Tipp:
Muskatnuss wirkt erwärmend, sie wärmt die Mitte (= Magen und Milz) und entfeuchtet (trocknet die Feuchtigkeit). Dadurch kann die Verdauungsenergie wieder besser arbeiten.

Zeichenbeschreibung:
H = Holz | F = Feuer | E = Erde | M = Metall | W = Wasser
Thermik der Nahrungsmittel:
n=neutral | w=warm | h=heiß | kü=kühl | ka=kalt ➲ z. B. Hkü = Holz kühl

Hönchen
demeter
Bärlauch
Hanf
Nudeln
Dinkelspezialitäten
100% Dinkel
Spaghetti
500 g
LaSelva
Pasta di Semola
di Grano Duro
500g

NUDELN

Zutaten:

Wasser | Meersalz | 1 TL Petersilie | 100 g Nudeln pro Person | getrockneten Rosmarin [Mw]

Zubereitung:

- getrockneten Rosmarinzweig [Mw] in Topf geben, mit Wasser füllen [W], gut salzen [Ww], Petersilie [Hn] dazu geben
- Herdplatte einschalten [F]
- wenn das Wasser kocht Nudeln (Nudeln aus Weißmehl = [Ekü], Vollkornnudeln = [Ew]) hinein geben
- die Kochdauer richtet sich nach den Angaben auf der Packung, Nudeln durch ein Sieb gießen, mit kaltem Wasser (wenn gewünscht) abschrecken

Wirkung:

stärkt die Mitte, leicht verdaulich

Tipp:

Rosmarin ist ein wärmendes Gewürz. Sollten Sie unter kalten Händen und Füßen leiden, unterstützt Rosmarin darin, die Wärme auch in die Extremitäten zu befördern. Rosmarin wirkt krampflösend, hilft bei niedrigem Blutdruck und regt die Verdauung an. Vorsicht jedoch bei Hitzezuständen (heiße Hände und Füße, Hitzewallungen).

In diesem Rezept dient der Rosmarin als Ausgleich zu dem Yin der Nudeln – im Wasser gekocht.

Zeichenbeschreibung:

H = Holz | F = Feuer | E = Erde | M = Metall | W = Wasser

Thermik der Nahrungsmittel:

n=neutral | w=warm | h=heiß | kü=kühl | ka=kalt ➲ z. B. Hkü = Holz kühl

REIS

Zutaten:

125 g Reis | 1 kleine Gemüsezwiebel, mit Gewürznelken gespickt | ¼ l warmes Wasser | 1 bis 2 TL Meersalz | Petersilie (frisch oder getrocknet) | 10 Körner frisch gemahlene Mariendistelsamen | Erbsen (frisch oder tiefgekühlt)

Zubereitung:

- Herd einschalten [F]
- Reis in einen Topf geben [En] und mit der mit Nelken [Mw] gespickten Zwiebel [Mkü] kurz anrösten
- mit warmem Wasser [W] aufgießen und für ca. 30 Minuten (je nach Reisart) dünsten
- wenn der Reis aufgesprungen ist, Meersalz [Ww] zugeben, ebenso Petersilie [Hn], Mariendistelsamen [Fk] und Erbsen [Ekü]
- noch ca. 5 bis 10 Minuten weiterziehen lassen, servieren.

Wirkung:

tonisiert die Lebensenergie Qi, stärkt Magen und Milz, reguliert und bildet Säfte, entgiftet

Tipp:

Vollwertreis: Salzen Sie den Reis erst, wenn er aufgequollen ist. Zu frühes Salzen würde das Aufquellen bzw. weich werden verzögern.

Reis-Congee Grundrezept bei Verstopfung:

Zutaten:

100 g bis 150 g Vollkornreis oder anderes Getreide (veränderte Wirkung!) | 1 l kaltes Wasser | 30 g Butter | 30 g Honig

Zubereitung:

- Kochen Sie den Reis ca. 2 bis 6 Stunden lang, zuerst auf hoher Stufe ohne Deckel aufkochen, dann zugedeckt nur noch leicht köcheln lassen.
- Fügen Sie die letzte halbe Stunde Butter und Honig zu
- Je länger die Kochzeit umso aufbauender wirkt das Congee
- Die angegebene Menge reicht für 1 Person für ca. 3 bis 4 Tage (ansonsten einfach die Menge halbieren).

Zeichenbeschreibung:
H = Holz | F = Feuer | E = Erde | M = Metall | W = Wasser

Thermik der Nahrungsmittel:
n=neutral | w=warm | h=heiß | kü=kühl | ka=kalt ➲ z. B. Hkü = Holz kühl

SEMMELKNÖDEL

Zutaten:

100 bis 150 g Knödelbrot | 1 Prise Majoran | Meersalz [Ww] | 2 Eier | 1 EL gemahlener Mariendistelsamen | 1 TL frische od. getr. Petersilie | je 1 Prise Kurkuma und scharfen Paprika, Thymian und 1 TL Liebstöckl | 3 bis 4 frisch gemörserte Wacholderbeeren | 20 g Butter | ca. 125 ml Milch (bei Bedarf etwas mehr)

Zubereitung:

- Knödelbrot [En] (es kann durchaus klein geschnittenes, getrocknetes Vollkornbrot mit Bioknödel-Brot vermischt sein – ist geschmackvoller) in eine Rührschüssel geben
- Majoran [Mw], Thymian [Mw] und Liebstöckl [Mw] zugeben
- Salz [Ww] und Eier [Wn] darunter mischen
- Petersilie [Hn], Kurkuma [Fkü], Paprika [Fw], Mariendistelsamen [Fka] und gemörserte Wacholderbeeren [Fh] hinein mengen
- Knödelbrot mit allen Zutaten gut vermengen, erst dann mit zerlassener Butter [Ekü] und erwärmter Milch [En] übergießen (sollte mehr Milch erforderlich sein, weil das Brot sehr trocken ist, weitere Milch wärmen)
- 15 bis 30 Minuten ziehen lassen, dann mit befeuchteten, kalten Händen kleine Knödel formen
- 20 Minuten über Wasserdampf garen

Tipp:

Wacholderbeeren wirken erwärmend und vertreiben Blähungen. Sie tonisieren das Nieren-Yang und das Milz-Yang und sie wirken, gemeinsam mit anderen Kräutern, ausgleichend auf die Feuchtigkeit, die durch Margarine und Milch entstehen könnten.

Wirkung:

befeuchtend, kühlend, baut Säfte und Substanz auf

Zeichenbeschreibung:
H = Holz | F = Feuer | E = Erde | M = Metall | W = Wasser

Thermik der Nahrungsmittel:
n=neutral | w=warm | h=heiß | kü=kühl | ka=kalt ➲ z. B. Hkü = Holz kühl

TOMATEN-BASILIKUM-POLENTA-SCHNITTEN

WARM

Zutaten:
½ Tasse Polenta | 1 EL Basilikum | ½ Tasse Wasser | 1TL Suppenwürze | 1 Tomate | 1 Prise Paprika, scharf | Vollkornbrösel zum Wälzen | Öl zum Ausbacken | 1 Kastenform oder Muffinform oder kleine, runde Tupperdosen

Zubereitung:

- Herd einschalten [F]
- ½ Tasse Polenta [En] mit Basilikum [Mw] kurz anrösten und mit warmem Wasser [W] verrühren
- Suppenwürze [Hn], sehr klein geschnittene Tomate [Hk] und Paprika [Fw] beifügen
- 2 min. unter Umrühren kochen lassen, danach in Form füllen (je nach gewünschtem Aussehen in Kastenform, Muffinform oder Tupperdose)
- ca. ½ Stunde stehen lassen, danach aus der Form geben, in Vollkornbrösel [En] wälzen, in Öl kurz herausbacken, bis sie knusprig sind
- schmeckt hervorragend als Beilage zu Fleisch oder Fisch

Wirkung:
stärkt die Mitte, wärmende Beilage

Tipp:
Basilikum regt die Verdauung an, weil es die Feuchtigkeit im Verdauungstrakt transformiert. Es tonisiert und reguliert die Lebensenergie Qi, löst Schleim und unterstützt die Entgiftung.

Zeichenbeschreibung:
H = Holz | F = Feuer | E = Erde | M = Metall | W = Wasser
Thermik der Nahrungsmittel:
n=neutral | w=warm | h=heiß | kü=kühl | ka=kalt ➲ z. B. Hkü = Holz kühl

Salate

FISCH-NUDELSALAT

Zutaten:

200 g gebratenes Fischfilet (Forelle, Saibling [Ww], Karpfen, Wels [Wn]) | 150 bis 200 g gekochte Nudeln | 1 Karotte fein geraspelt | 2 Frühlingszwiebeln | 2 TL Preiselbeerkompott | 1 Prise Paprika scharf | Meersalz | 100 g Soja-Cuisine | 6 bis 7 Cocktailtomaten | Petersilie | ev. frische Kresse

Zubereitung:

- Soja-Cuisine [Wkü] in eine Schüssel geben und salzen [Ww]
- zerkleinertes Fischfilet zufügen
- gehackte Petersilie [Hn] und geviertelte Tomaten [Hkü-ka] zugeben
- Paprika [Fw] und Preiselbeerkompott [En] einrühren und die fein geraspelte Karotte [En] und die Nudeln [En] unterheben
- zum Schluss Frühlingszwiebeln [Mw] zugeben und mit frischer Kresse [Mn] garnieren

Wirkung:

kühlend, leitet Hitze aus; ein Gericht für die warme Jahreszeit bzw. als leichte Abendmahlzeit

Tipp:

Forelle tonisiert die Lebensenergie Qi, stärkt Milz und Magen, ebenso die Lunge und die Niere.
Achten Sie auf gute Qualität: entweder frischen Fisch (nicht tiefgefroren) oder biologischen aus der Dose!

Zeichenbeschreibung:
H = Holz | F = Feuer | E = Erde | M = Metall | W = Wasser
Thermik der Nahrungsmittel:
n=neutral | w=warm | h=heiß | kü=kühl | ka=kalt ➲ z. B. Hkü = Holz kühl

KALTER KRAUTSALAT

Zutaten:

¼ bis ½ Krautkopf | 1 Gemüsezwiebel | 1 TL Kümmel | Meersalz | 125 ml Wasser | 2 EL Apfelessig | 1 Prise Paprika, scharf | Raps- oder Olivenöl | 1 EL Agavendicksaft

Zubereitung:

- Gemüsezwiebel [Mkü] fein schneiden und in Salatschüssel geben
- Kraut [Wn] fein schneiden
- Kümmel [Ww] zugeben, nun gut salzen [Ww], Kraut mit den Zutaten durchkneten und für ¼ bis ½ Stunde ziehen lassen
- Wasser mit Apfelessig [Hw] und Paprika [Fw] mischen, über den Salat geben
- Öl [Ekü] und Agavendicksaft [Ew] zugeben

Wirkung:

kühlend und befeuchtend, baut Nieren-Yin auf, bewegt und reguliert die Lebensenergie Qi, leitet Hitze aus und reduziert z. B. Magenfeuer, reguliert den Stuhl

Tipps:

Weißkraut wärmt die Niere und reguliert Milz und Magen. Es tonisiert die Mitte und fördert die Verdauung.

Die Gemüsezwiebel wirkt bewegend auf unsere Lebensenergie Qi und das Blut, sie wandelt Feuchtigkeit und Schleim um und wärmt die Niere. Die Gemüsezwiebel hat einen scharfen Geschmack und wird damit dem Element Metall zugeordnet. Durch das Anrösten im Öl verändert sich ihr Geschmack ins süßliche, geröstet ist sie dem Element Erde zugeordnet.

Zeichenbeschreibung:
H = Holz | F = Feuer | E = Erde | M = Metall | W = Wasser

Thermik der Nahrungsmittel:
n=neutral | w=warm | h=heiß | kü=kühl | ka=kalt ➲ z. B. Hkü = Holz kühl

KARFIOLSALAT

Zutaten:

1 Karfiolrose | ca. ¼ l Milch | 1 TL Majoran | Wasser | 2 EL Suppenwürze | 1 EL Agavendicksaft | 1 Gemüsezwiebel | 2 EL Salzsole | 60 ml Balsamicoessig, weiß | 1 Prise Paprika, scharf | Olivenöl

Zubereitung:

- Karfiol [En] zerteilen und mit Milch [En] in einen Topf geben
- getr. Majoran [Mw] zufügen
- Wasser dazu geben, der Karfiol soll bedeckt sein
- Suppenwürze [Hn] einrühren
- Herd einschalten [F] und Karfiol bissfest garen (in 10 bis 15 Minuten)
- abseihen, Karfiolröschen in einer Salatschüssel anordnen, mit Agavendicksaft [Ew] übergießen
- klein gehackte Gemüsezwiebel [Mkü], Salzsole [Wn], Essig [Hw], scharfen Paprika [Fw] und Olivenöl [Ekü] verrühren und mit dem Karfiol vermengen

Wirkung:

kühlt Lungen- und Magenhitze

Tipp:

Majoran tonisiert das Blut, stärkt die Lebensenergie Qi, beruhigt und transformiert die Feuchtigkeit. Deshalb wirkt er, gemeinsam mit der Gemüsezwiebel, leicht ausgleichend auf die durch die Milch befeuchtende Kochweise.

Zeichenbeschreibung:
H = Holz | F = Feuer | E = Erde | M = Metall | W = Wasser

Thermik der Nahrungsmittel:
n=neutral | w=warm | h=heiß | kü=kühl | ka=kalt ➲ z. B. Hkü = Holz kühl

TOMATEN-RUCOLA-KRESSE-SALAT

Zutaten:

4 Tomaten | 3 Hand voll Rucola, in kleine Stücke geschnitten | 2 TL Agavendicksaft | 2 Frühlingszwiebeln | 3 Hand voll Blätter der Kapuzinerkresse, klein geschnitten | 2 TL Salzsole | 60 ml Balsamicoessig | 2 EL Kürbiskernöl |1 Prise Paprika, scharf | etwas frische Petersilie

Zubereitung:

- Tomaten klein geschnitten [Hka] in eine Salatschüssel geben
- Rucola zugeben [Fkü]
- Agavendicksaft [Ew], fein gehackte Frühlingszwiebeln [Mw] und Kresseblätter [Mn] mischen und zum Gemüse geben
- Salzsole [Wn], Balsamicoessig [Hw], Kürbiskernöl [Hw], Paprika [Fw] und Petersilie [En] darüber geben

Wirkung:

kühlend und befeuchtend, für die warme Jahreszeit

Tipps:

Rucola wirkt appetitanregend, er tonisiert die Verdauungssäfte. Dies unterstützt die von der Thermik her kalte Tomate.

Kapuzinerkresse hat einen stark reinigenden Effekt auf die Harnwege und wirkt antibiotisch. Ihr Wirkstoff ist noch nach 9 Stunden im Urin nachweisbar. Sie entfaltet aber auch im Bereich des Darms heilsame Wirkung.
Sollten Sie keine Kapuzinerkresse zur Hand haben, verwenden Sie normale Gartenkresse, die Sie sogar auf der Fensterbank ziehen können (Dauer 4 bis 5 Tage).
Kresse reinigt das Blut, bewegt die Lebensenergie Qi und trocknet Feuchtigkeit, die aus zu viel Rohkost entstehen kann.

Zeichenbeschreibung:
H = Holz | F = Feuer | E = Erde | M = Metall | W = Wasser

Thermik der Nahrungsmittel:
n=neutral | w=warm | h=heiß | kü=kühl | ka=kalt ➲ z. B. Hkü = Holz kühl

VOGERLSALAT

Zutaten:

200 g Feldsalat | 1 bis 2 Frühlingszwiebeln | 1 EL Agavendicksaft | frisches oder getrocknetes Basilikum | 1 bis 2 EL Salzsole | 60 ml Balsamicoessig | 2 EL Kürbiskernöl

Zubereitung:

- Vogerlsalat waschen [Fn] und in eine Salatschüssel geben, frisches Basilikum darüber streuen [Fw]
- 1 bis 2 EL Agavendicksaft [Ew] mit den klein gehackten Frühlingszwiebeln [Mw] und getrocknetem Basilikum [Mw] vermischen
- 3 EL Salzsole [Wn], Balsamicoessig [Hw] und Kürbiskernöl [Hw] mischen und den Salat übergießen

Wirkung:

erfrischend, Yin-stärkend

Tipps:

Vogerl- oder Feldsalat kühlt auf milde Art innere Hitze (kühlt am wenigsten von allen Blattsalaten). Deshalb ist er bekömmlich für Menschen, die einerseits unter Unruhe und Schlafstörungen (= Hitze), andererseits aber auch unter kalten Extremitäten leiden.

Salzsole zubereiten:

Geben Sie 1 bis 2 Stück Himalayasalz (je nach Größe) in ein verschließbares Glasgefäß und füllen Sie das Glas mit Wasser auf. Nach ca. ½ Stunde ist die Salzsole gebrauchsfertig.

Zeichenbeschreibung:
H = Holz | F = Feuer | E = Erde | M = Metall | W = Wasser

Thermik der Nahrungsmittel:
n=neutral | w=warm | h=heiß | kü=kühl | ka=kalt ➲ z. B. Hkü = Holz kühl

Nachspeisen

APFELTORTE

Verdoppeln → 2 Formen

Zutaten:

125 g Butter | 125 g Vollrohrzucker | 1 TL Vanillearoma | je 1 Prise Koriander und Kardamom | 3 ganze Eier | 2 EL Sesam | 1 EL Kakao | 2 EL Rum | 200 g Dinkelvollmehl | 2 gestr. TL Backpulver | 3 bis 4 EL Milch | 1 Prise Zimt | 1 Prise Meersalz | Saft von einer Zitrone/Limette | 4 bis 5 Äpfel | 2 EL Mandelsplitter | 2 Rippen Zartbitterschokolade | Fett für die Form

Zubereitung:

- Butter [En] und Zucker [Ew] flaumig rühren
- Vanillearoma [Ew], Koriander [Mw] und Kardamom [Mw] zufügen
- Eier [Wn] nach und nach zugeben
- Sesam [Hw], Kakao [Fw] und Rum [Fh] unterrühren
- mit Backpulver vermischtes Mehl [Ew] und 3 bis 4 EL Milch [En] unter die Eiermasse heben
- Zimt [Mh], Salz [Ww] und den Saft der Zitrone [Hkü] untermischen
- Teig in befettete Form geben (kleine Spring- oder Kastenform), Äpfel [Hkü] schälen, vierteln und fächerartig einschneiden, auf den Teig legen
- mit Mandelplättchen [Fw] und geraspelter Zartbitterschokolade [Fw] bestreuen
- im Rohr bei 180 Grad (O/U-Hitze oder 160 Grad Heißluft) 40 bis 50 Minuten backen

Tipp:

Wenn es Ihnen möglich ist, verwenden Sie frisch gemahlenes Mehl, denn je frischer, umso mehr Lebensenergie Qi und auch Vitamine und Mineralien sind darin enthalten.

Wenn Sie möchten, können Sie die Getreidekörner vor dem Mahlen 5 bis 10 Minuten ohne Fett anrösten. Dadurch wirkt das Getreide wärmender, bewegender auf die Verdauungskraft, und das Mehl erhält einen leicht nussigen Geschmack.

Wirkung:

stärkt die Mitte, baut Qi und Säfte auf.

Zeichenbeschreibung:
H = Holz | F = Feuer | E = Erde | M = Metall | W = Wasser

Thermik der Nahrungsmittel:
n=neutral | w=warm | h=heiß | kü=kühl | ka=kalt ➲ z. B. Hkü = Holz kühl

BISKUITROULADE

Zutaten:

5 Eier | 100 g bis 150 g Vollrohrzucker (ev. in der Kaffeemühle fein mahlen) oder Rohrohr-Staubzucker | 1 Msp. Vanillearoma | 80 bis 100 g Dinkelmehl (oder Dinkel und Gerste 1:1 gemischt) | 1 Prise Zimt | 3 Kapseln Kardamom, frisch gemörsert | 1 Prise Meersalz (oder Hirschhornsalz) | 1 TL Orangensaft oder 1 EL Sesam | 40 g geriebene Mandeln/ Mandelplättchen od. 1 EL Rum od. 1 TL Kakao | ½ TL getrocknete, geriebene Orangenschalen

Zubereitung:

- Eier [En] mit dem Zucker [Ew] schaumig rühren
- Vanillearoma [Ew] zufügen
- Teig so lange schlagen, bis man in der Masse schreiben kann
- Zimt [Mh), Kardamom [Mw] und Salz [Ww] in den Teig geben
- Orangensaft [Hkü] oder Sesam [Hw], geriebene Orangenschalen [Fw] und Mandeln [Fw] und Rum [Fh) vorsichtig unterheben
- ebenso das Mehl vorsichtig unterheben [Ew]
- auf ein mit Backpapier belegtes Blech aufstreichen
- Bei 220°C im vorgeheizten Rohr ca. 10 bis 12 min. backen, auf ein mit wenig Zucker bestreutes Tuch stürzen und noch heiß einrollen
- mit Marillenmarmelade füllen (oder mit Topfen)

Tipp:

Geriebene Orangenschalen wärmen die Mitte, unterstützen die Verdauungsfunktion und lösen bzw. trocknen Schleim und Feuchtigkeit.

Wirkung:

stärkt die Mitte, befeuchtend

Zeichenbeschreibung:
H = Holz | F = Feuer | E = Erde | M = Metall | W = Wasser

Thermik der Nahrungsmittel:
n=neutral | w=warm | h=heiß | kü=kühl | ka=kalt ➲ z. B. Hkü = Holz kühl

Wirkung:
befeuchtend, für die
warme Jahreszeit

BISKUITROULADE MIT ERDBEER-TOPFENFÜLLUNG

Zutaten:
Biskuitroulade (siehe Rezept auf der Vorseite)

Zutaten Fülle:
250 g Magertopfen | 1 Joghurt (3,6%) | 2 EL Mandelsplitter | 3 bis 4 EL Rohrzucker | 1 TL Vanillearoma | je 1 Prise Zimt und Meersalz | Saft einer Orange | 2 EL Cointreau | 7 bis 12 Blatt Gelatine (in kaltem Wasser erweicht) | 1 Becher Erdbeeren

Zubereitung:
- Biskuitroulade nach Rezept zubereiten

Fülle:
- 250 g Topfen [Hkü] und Joghurt [Hkü] verrühren
- Mandelsplitter [Fw], Rohrzucker [En] und Vanillearoma [Ew] zugeben (Menge je nach gewünschter Süße)
- Cointreau [Fh] in einem Kochgeschirr erwärmen
- eingeweichte (ca. 10 Minuten) und ausgedrückte Gelatine [En] einrühren, bis sie sich gänzlich aufgelöst hat; danach mit Mixstab unter die Topfenmasse rühren
- Zimt [Mh], Meersalz [Ww] und den Orangensaft [Hkü] zufügen, alles gut verrühren

Tipp:
Wir alle kennen Topfenwickel und ihre kühlende Wirkung bei Fieber bzw. bei Entzündungen. Genauso wirkt Topfen auch in unserem Inneren. Er kühlt und befeuchtet. Im Sommer bzw. bei innerer Hitze in Maßen genossen eine Hilfe. Achtung jedoch bei Verdauungsschwäche und Kältegefühlen.

- Masse auf der Biskuitroulade verteilen, dann noch klein geschnittene Erdbeeren [Hkü] darauf verteilen und locker zusammenrollen

Zeichenbeschreibung:
H = Holz | F = Feuer | E = Erde | M = Metall | W = Wasser

Thermik der Nahrungsmittel:
n=neutral | w=warm | h=heiß | kü=kühl | ka=kalt ➲ z. B. Hkü = Holz kühl

Wirkung:
befeuchtend, Mitte entspannend

BLITZKUCHEN

Zutaten (1 Blech):

250 g Vollrohrzucker | 4 Dotter | 2 ganze Eier | 230 g Dinkelmehl | 100 g flüssige Butter oder Rapsöl | 4 Eiklar | 2 Rippen Zartbitterschokolade mit Orangengeschmack | 1 TL Vanillearoma | Saft ½ Zitrone | ½ Pckg. Backpulver | 2 EL Haselnüsse | je 1 Prise Zimt, Koriander od. Nelken | 1 EL Rum

Zubereitung:

- Vollrohrzucker [Ew], Vanillearoma [Ew], Zimt [Mh], 4 Dotter [Ww] und 2 Eier [Wn] schaumig rühren, dann Zitronensaft [Hkü] und Rum [Fh] zugeben
- Mehl und Backpulver [Ew] gut vermischen, gleichzeitig mit der flüssigen Butter [En] oder Bio-Rapsöl [Ew] vorsichtig unterziehen
- Koriander [Mw] oder Gewürznelken [Mw] dazu geben
- Schnee [Wkü] schlagen und unter die Teigmasse heben
- Auf befettetes (oder Back-Trennpapier verwenden) Backblech streichen, mit grob gehackten Haselnüssen [Hw] und grob geschnittener Zartbitterschokolade [Fw] bestreuen. Bei Mittelhitze (175 bis 180 Grad) 20 bis 25 Minuten backen, bis der Kuchen goldgelb ist. Erkaltet in Stangerl oder Schnitten schneiden.

Tipps:

Haselnüsse stärken die Milz, die Nieren und auch unser Immunsystem.

Verwenden Sie Weinstein-Backpulver aus dem Bioladen.

Zimt wärmt und stärkt das Nieren-Yang, wärmt die Meridiane und bewegt dadurch die Energie Qi. Achtung: Nicht bei Hitzezuständen!

Wie der Zimt ist auch die Gewürznelke ein beliebtes Gewürz. Die Weihnachtszeit ist ohne den Duft kaum vorstellbar. Aber auch während des übrigen Jahres können die beiden wertvolle Dienste leisten. Nelken wärmen und stärken das Nieren-Yang und wärmen die Mitte, das ist wichtig für die Verdauungsfunktion.

Zeichenbeschreibung:
H = Holz | F = Feuer | E = Erde | M = Metall | W = Wasser

Thermik der Nahrungsmittel:
n=neutral | w=warm | h=heiß | kü=kühl | ka=kalt ➲ z. B. Hkü = Holz kühl

Wirkung:
sowohl Yin als auch Yang nährend, Mitte entspannend, ein Gericht für den Sommer

FRUCHTKNÖDEL AUS TOPFENTEIG

Zutaten (8 Knödel):

250 g Magertopfen | 1 TL dunkler Kakao (schwach entölt) | 1 EL gemahlener Mohn | 1 Ei | 30 g Vollkorngrieß | 3 EL Vollkornbrösel | 1 Prise Zimt | 1 Kapsel frisch gemörserter Kardamom | 1 Prise Vanillearoma | 1 TL Sesam | TL Rum | 1 Prise getrocknete Orangenschale (auch frische, abgeriebene) | 8 Zwetschken oder Marillen | etwas Mehl zum Wälzen der Knödel | 50 g Butter | ca. 100 g Vollkornbrösel | 1TL Zimt

Zubereitung:

- Magertopfen [Hkü] in eine Rührschüssel geben
- Kakao [Fw], Mohn [Fw], Vollkorngrieß [En] und Vollkornbrösel [En] dazu rühren
- Zimt [Mh) und Kardamom [Mw] zugeben
- Ei [Wn], Sesam [Hw], Rum [Fh], Orangenschalen [Fw] und Vanillearoma [Ew] nacheinander in den Teig geben
- Teig mit dem Mixer verrühren, danach 15 bis 30 Minuten rasten lassen. Jetzt Knödel formen, in jeden Knödel kommt eine Frucht. Die Frucht soll vom Teig völlig umschlossen sein.
- Für die bessere Haftung leicht in Mehl wälzen.
- In leicht kochendem Wasser für ca. 15 Minuten mehr ziehen als kochen lassen.

Tipp:

Kardamom wärmt die Mitte, kräftigt die Milz und den Dünndarm (Verdauung!) und wandelt Feuchtigkeit und Schleim um. Sollten Sie keinen frischen Kardamom haben nehmen Sie das Pulver. Frischer Kardamom enthält mehr ätherische Öle und trocknet deshalb die durch den Topfen entstehende Feuchtigkeit besser.

Brösel:

- Herd einschalten [F]
- Butter [En] zergehen lassen und Vollkornbrösel [En] zufügen; kurz durchrösten und mit
- Zimt [Mh) verfeinern
- Die Knödel in den Bröseln wälzen und servieren.

Zeichenbeschreibung:
H = Holz | F = Feuer | E = Erde | M = Metall | W = Wasser

Thermik der Nahrungsmittel:
n=neutral | w=warm | h=heiß | kü=kühl | ka=kalt ➲ z. B. Hkü = Holz kühl

Wirkung:
baut Säfte und
Qi auf

KAISERSCHMARREN MIT ZWETSCHKENRÖSTER

Zutaten Kaiserschmarrn:

20 g Vollrohrzucker | 3 Dotter | 200 ml Milch | 90 g Dinkelmehl (oder Dinkel und Gerste gemischt) | 1 EL Rosinen | 1 Prise Zimt und Kardamom | 3 Eiklar | 1 Prise Salz | 1 Prise Vanillearoma | 1 Msp. Orangenschale und 1 TL Sesam | 1 bis 2 EL Mandelsplitter oder/und 1 TL Kakao oder/und 1 TL Rum | Butter zum Ausbacken

Zutaten Zwetschkenröster:

1000 g Zwetschken, halbiert und entkernt | ½ TL Zimt | 1 Prise Salz | bodenbedeckt Wasser (1-2 EL) | Saft von ½ Orange | 1 EL Rum | 1 gute Löffelspitze Vanille | 50 bis 100 g Vollrohrzucker (je nach Süßempfinden)

Zubereitung Kaiserschmarrn:

- Zucker und Dotter schaumig rühren [Ew]
- Mehl [Ew] und Milch [En] nach und nach einrühren
- Vanillearoma [Ew] und Rosinen zugeben [Ew]
- jetzt Zimt [Mh) und Kardamom [Mw] beifügen
- Eiklar [Wkü] zu Schnee schlagen und unterheben
- Meersalz [Ww], Sesam [Hw], geriebene Orangenschale [Fw] und Mandelsplitter oder/und Kakao [Fw] oder/und Rum unterheben [Fh]
- In etwas Butter [En] bei geringer Hitze (max. 1,5 bei einem Herd mit 3 Stufen) backen
- Nach 5 bis 10 min. vierteln, umdrehen und fertig backen
- Danach mit 2 Gabeln in Stückchen reißen und servieren

Zubereitung Zwetschkenröster:

- Halbierte und entkernte Zwetschken (En) in einen großen Topf legen
- Zimt(Mh), Salz(Wn), 1-2 EL Wasser (W) und den Saft der Orange (Hkü) hinzufügen und den Herd einschalten (F)
- Kurz zum Kochen bringen und ½ bis 1 Stunde auf sehr kleiner Flamme köchenln lassen
- Ab und zu umrühren
- Wenn alles um ca. 1/3 reduziert ist, Rum (Fh), Vanille (Ew) und Vollrohrzucker (Ew) einrühren
- Das Ganze noch für ca. 5 Minuten ziehen lassen, damit sich der Zucker gut auflösen kann
- Je nach Gusto warm oder ausgekühlt servieren

Zeichenbeschreibung:
H = Holz | F = Feuer | E = Erde | M = Metall | W = Wasser

Thermik der Nahrungsmittel:
n=neutral | w=warm | h=heiß | kü=kühl | ka=kalt ➲ z. B. Hkü = Holz kühl

MARMORKUCHEN (ÖLKUCHEN)

Zutaten:

4 Dotter | 180 g Vollrohrzucker | 1 TL Vanillearoma | 125 ml Rapsöl | 1 EL Rum | 125 ml Wasser | Saft ½ Zitrone | 250 g Vollkornmehl | ½ Pckg. Backpulver | 1 Kapsel Kardamom | 1 Prise Zimt | 4 Eiklar | 2 EL Kakao | 1 EL Sesam

Zubereitung:

- 4 Dotter [Ew] mit Vollrohrzucker [Ew] und Vanillearoma [Ew] schaumig rühren
- ca. 60 ml Öl [Ew] einrühren, danach den Zimt [Mh]
- 125 ml Wasser nach und nach beimengen, anschließend Zitrone [Hkü] und Rum [Fh)
- Mehl [Ew] mit Backpulver vermischen, löffelweise unter die Dottermasse heben und das restliche Öl ebenfalls untermengen
- Kardamom [Mw] dazugeben
- Eiklar zu Schnee schlagen und unterheben [Wkü]
- Masse teilen, in einen Teil Sesam [Hw] und Kakao [Fw] rühren
- Masse abwechselnd in eine befettete Springform geben, mit einer Gabel die helle und dunkle Masse miteinander verbinden (= marmorieren). Bei 160 Grad Heißluft 1 Std. backen (die ersten 30 Minuten mit Alufolie bedeckt, nach ½ Std. entfernen)

Tipps:

Verwenden Sie dunklen Kakao = schwach entölt. Er enthält mehr Bitterstoffe und unterstützt somit die Verdauungsfunktion besser.

Das Mehl für Backwaren kann fast immer gemischt werden, z. B. halb Gerste, halb Dinkel oder Einkorn.

Wirkung:

wärmend und stärkend für Magen und Milz, für die kühle bis kalte Jahreszeit

Zeichenbeschreibung:
H = Holz | F = Feuer | E = Erde | M = Metall | W = Wasser

Thermik der Nahrungsmittel:
n=neutral | w=warm | h=heiß | kü=kühl | ka=kalt ➲ z. B. Hkü = Holz kühl

PALATSCHINKEN, SÜSS

Zutaten:

100 g Perldinkel | 100 g Kamut | oder 200 g Dinkelmehl | 3 Eier | 1 TL Sesam | 1 Prise Kakao | 1 Prise geriebene Orangenschalen | 1 Msp. Vanillearoma | ca. ½ l Milch | je 1 Prise Zimt und Kardamom | 1 Prise Meersalz oder Hirschhornsalz

Zubereitung:

- Ganze Eier [Wn] mit Sesam [Hw], Kakao [Fw] und Orangenschalen [Fw] in einer Rührschüssel vermengen
- Perldinkel und Kamut frisch mahlen [Ew], dazugeben und rühren, bis ein glatter Teig entstanden ist
- Milch [En] und Vanillearoma [Ew] zugeben
- Zimt [Mh], Kardamom [Mw], Meersalz [Ww] oder Hirschhornsalz [Wn] untermengen
- Teig ca. ½ Stunde quellen lassen
- falls der Teig zu dick ist, etwas Wasser zugeben
- Palatschinken ausbacken
- nach Belieben mit Marmelade oder Topfencreme füllen

Wirkung:

befeuchtend für Lunge, Milz und Magen stärkend

Tipps:

Sollten Sie eine Getreidemühle besitzen, dann mahlen Sie 50 g Amaranth [Fw], 100 g Gerste [En] und 50 g Dinkel [Ew]. Geben Sie den Amaranth [Fw] bereits mit der Prise Kakao zu, Gerste [En] und Dinkel [Ew] danach mit der Milch.

Der Teig schmeckt nussiger, die Gerste harmonisiert den Magen und gleicht, ebenso wie Amaranth, die befeuchtende Wirkung von Milch und Dinkel aus.

Das Hirschhornsalz lässt die Palatschinken lockerer werden (= Backtriebmittel).

Sie können statt der normalen Milch auch Soja-, Hafer-, Gersten- oder Reismilch verwenden. Oder Sie mischen die normale Milch mit anderen Milchsorten.

Zeichenbeschreibung:
H = Holz | F = Feuer | E = Erde | M = Metall | W = Wasser

Thermik der Nahrungsmittel:
n=neutral | w=warm | h=heiß | kü=kühl | ka=kalt ➲ z. B. Hkü = Holz kühl

TIRAMISU

Zutaten für große Portion:

½ l Milch | 1 Packung Vanillepudding-Pulver | 3 bis 4 EL Agavendicksaft | 1 großer Becher Mascarino (oder 400 g Seidentofu) | 5 Schachteln Vollkornbiskotten | ¼ l starken Bohnen- oder Getreidekaffee | je 1 Stamperl Cointreau, Rum und Whisky | Kakao zum Bestreuen

Zubereitung:

- Vanillepudding von ½ l Milch [En] zubereiten und mit Agavendicksaft [Ew] süßen
- wenn erkaltet mit Mascarino [Eka] oder Seidentofu [Ekü] verrühren
- starken Kaffee [Fw] mit Alkohol [Fh] vermengen
- eine rechteckige Kuchenform etc. bereitstellen und mit Klarsichtfolie auslegen
- Biskotten [En] in Kaffee-Alkohol-Gemisch kurz tunken und eine Lage in die Form legen, darüber eine Schicht Creme füllen
- schichtweise Biskotten und Creme einfüllen, mit Creme schließen
- 24 Stunden stehen lassen, dann das Tiramisu aus der Form stürzen und mit Kakao dicht bestreuen

Wirkung:

stark befeuchtend, nicht empfehlenswert bei Müdigkeit, Schweregefühl, schlechter Verdauung

Tipp:

Sie können statt der normalen Milch Soja-, Hafer-, Gersten- oder Reismilch verwenden. Oder Sie mischen die normale Milch mit anderen Milchsorten.

Tofu ist der Topfen der Sojabohne und ist mittlerweile in den verschiedensten Geschmacksvarianten von neutral bis Chili-scharf erhältlich. Tofu kühlt den Körper, entgiftet, stärkt das Yin, nährt und befeuchtet. Chili-Tofu hingegen wirkt z. B. durch den „heißen“ Chili nicht mehr ganz so kühlend …
WICHTIG: biologischen und nicht genmanipulierten Tofu verwenden!

Zeichenbeschreibung:
H = Holz | F = Feuer | E = Erde | M = Metall | W = Wasser

Thermik der Nahrungsmittel:
n=neutral | w=warm | h=heiß | kü=kühl | ka=kalt ➲ z. B. Hkü = Holz kühl

TOPFENNOCKERL AUF JOHANNIS-BEER-HIMBEERMARMELADE

Zutaten:

¼ kg Magertopfen | 1 Ei | 30 g Dinkelgrieß | 3 EL Vollkornbrösel | Mark einer Vanilleschote (oder Vanillearoma) | 1 Prise Zimt | 2 Kapseln Kardamom frisch gemörsert | 1 Prise geriebene Orangenschale | 1 Prise Meersalz | 1 Prise Kakao | 2 EL Cashewnüsse | 6 EL Johannisbeer-Himbeermarmelade (oder andere) | 1 EL Cointreau

Tipp:

Vanille wirkt mild stärkend auf die Milz und Bauchspeicheldrüse und trocknet Feuchtigkeit.

Zubereitung:

- Topfen[Hkü] in eine Rührschüssel geben, mit Kakao [Fw], Orangenschale [Fw] und Vanillearoma [Ew] gut verrühren
- Dinkelgrieß [Ew] und Vollkornbrösel [En] zugeben
- Zimt [Mh) und Kardamom [Mw], Meersalz [Ww] und Ei [Wn] zufügen und ebenfalls gut unterrühren
- Masse 30 Minuten ziehen lassen.
- Wasser zum Kochen bringen, mit 2 Kaffeelöfferl kleine Nockerl formen und für 15 bis 20 Minuten im leicht kochenden Wasser ziehen lassen.
- In der Zwischenzeit Cointreau [Fh] mit Marmelade [En] verrühren und erwärmen, auf Tellern anrichten (Teller mit Zimt und Zucker garnieren)
- Cashewkerne [En] ohne Fett in einer Pfanne rösten, bis sie etwas braun sind
- Die Nockerl auf die Marmelade setzen und mit den gerösteten Cashewkernen garnieren (im Sommer zusätzlich noch mit einem Blatt Zitronenmelisse)

Wirkung:

befeuchtend für Lunge und Magen, Magen und Milz stärkend, baut Yin-Säfte auf

Zeichenbeschreibung:
H = Holz | F = Feuer | E = Erde | M = Metall | W = Wasser

Thermik der Nahrungsmittel:
n=neutral | w=warm | h=heiß | kü=kühl | ka=kalt ➲ z. B. Hkü = Holz kühl

TOPFEN-PALATSCHINKEN

Palatschinken lt. Grundrezept zubereiten

Zutaten Fülle:

¼ kg Magertopfen | 1 Becher Sauerrahm | 1 Prise Kakao oder/und 3 EL Mandelsplitter oder/und 1 TL Cointreau | 1 TL Vanillearoma | 2 bis 3 EL Vollrohrzucker | statt der Mandelsplitter ev. 5 EL zerkleinerte Walnüsse | ½ TL Kardamom, frisch gemörsert | ½ TL Zimt | etwas getrocknete Orangenschale

Zubereitung Fülle:

- Topfen [Hkü] in eine Rührschüssel geben
- Kakao [Fw] oder/und 3 EL Mandelsplitter [Fw] und Zucker [Ew] zugeben und gut verrühren
- Walnüsse [Ew] zugeben (falls keine Mandelsplitter oder aber auch zusätzlich)
- Kardamom [Mw], Zimt [Wh) und Sauerrahm [Hkü] zugeben, alles gut verrühren
- getrocknete Orangenschalen [Fw], Cointreau [Fh], Vanillearoma [Ew] und ev. noch etwas Zucker (falls zu wenig), alles nochmals gut vermengen
- warme Palatschinken mit der Topfenmasse füllen

Tipp:

Mandelsplitter befeuchten zusätzlich zum Topfen die Lunge. Walnüsse unterstützen bei Erschöpfungszuständen und wärmen.

Wirkung:

befeuchtend für Lunge und Magen, Magen und Milz stärkend, baut Yin-Säfte auf

Zeichenbeschreibung:
H = Holz | F = Feuer | E = Erde | M = Metall | W = Wasser

Thermik der Nahrungsmittel:
n=neutral | w=warm | h=heiß | kü=kühl | ka=kalt ➲ z. B. Hkü = Holz kühl

SCHLUSSWORTE UND DANKE

2004 begann ich, einem inneren Wissen folgend, das, was ich mit viel Freude und Genuss zubereitete, auch aufzuschreiben. Das war gar nicht so leicht, denn bis jetzt hatte ich die Gerichte aus dem Stehgreif nach den 5 Elementen gekocht. Angespornt wurde ich vom Empfinden meiner Gäste und meinem eigenen, da wir uns nach einem 5-Elemente-Essen einfach besser fühlten!

Im Oktober 2006 ließ ich mein erstes Skript, spiralisiert, mit vielen Rezepten im Innenteil, voller Stolz, aber auch mit ein bisschen Skepsis, kopieren.

An dieser Stelle bedanke ich mich bei meinem Mann, bei all meinen Gästen, sowohl bei den privaten als auch bei den Besuchern meiner Praxis, bei meinen Freunden und bei meinem TCM-Lehrer, Dr. Florian Ploberger, für ihr Feedback, das mich immer wieder ermuntert hat, weiter zu kochen und weiter auszuprobieren.

Schließlich wagte ich den Schritt, mein Kochbuch in einem Bioladen in Linz aufzulegen – mit tollem Erfolg. Und so nahmen die Dinge ihren Lauf ...

Nun halten Sie mein Werk in Ihren Händen und damit können auch Sie von meinem langjährigen Wissen profitieren. Die Vision eines einfachen Kochbuches nach der 5-Elemente-Lehre – aber mit österreichischen Rezepten – ist für mich in Erfüllung gegangen.

Ich bin ein sehr kreativer Mensch. Diese Kreativität kann ich beim Kochen ausleben und ich ermutige Sie dazu, dies auch zu tun. Zu sehen und zu fühlen wie sich etwas zusammenfügt, so dass es harmonisch schmeckt und auch für´s Auge gut aussieht, macht große Freude.

Ich stand oft beim Kochen und hatte innerlich dabei schon das Bild, wie ich die Speise dekorieren wollte. Oder ich ging in meinen Garten, innerlich mit der Frage, welche Blume oder welches Blatt sich denn heute als Dekoration zur Verfügung stellen wollte. Ich ließ mich von meiner inneren Stimme führen. Genau so kann es auch bei Ihnen sein.

Vielleicht lassen Sie sich von den Rezepten, den Fotos und von meiner Geschichte inspirieren und trauen sich, Ihre eigenen Lieblings-Rezepte nach der 5-Elemente-Küche umzuschreiben.

Nützen Sie dazu die Lebensmittel-Tabelle auf den folgenden Seiten.

Sollten Sie sich aber doch zu unsicher sein, dann besuchen Sie einen Vortrag oder ein 5-Elemente-Ernährungstraining bei mir oder einem anderen TCM-Therapeuten.
Wir wissen heute, dass eine gute und überlegte Ernährung der Schlüssel zu Gesundheit, Jugendlichkeit und einem langen Leben sind. In meinem Buch habe ich Ihnen gezeigt, dass es gar nicht schwer ist, die Zutaten so aneinander zu fügen, dass sie "bekömmlicher" sind. Bleiben Sie auf diesem Weg und lassen Sie sich auf eine "gute" Küche mit biologischen Zutaten ein, die sie rundum satt macht und ihr Wohlbefinden steigert.

So kochen Sie für Ihre Seele

- Gehen Sie mit Freude und Kreativität ans Werk. Die beim Kochen empfundene Emotion und die Gedanken essen Sie anschließend mit.
- Genießen Sie Ihr Essen! Nehmen Sie bei jedem Bissen den Geschmack der Speise wahr. So essen Sie auch weniger und fühlen sich trotzdem satt!
- Essen Sie so lange, bis Sie sich gesättigt, aber noch nicht voll fühlen. Dann haben Sie die optimale Energiemenge zu sich genommen.
- Nehmen Sie Ihr Essen in einer angenehmen, entspannten, vielleicht sogar lustigen Gesellschaft ein. Sprechen Sie niemals während des Essens über traurige oder stressende Ereignisse. Denn dann könnte Ihnen das Essen im Magen liegen bleiben ...
- Lassen Sie Ihre Kinder beim Zubereiten der Speisen mithelfen. Das macht Spaß, fördert die Gemeinschaft, aber auch die Selbstverantwortung.
- Hören Sie schöne Musik beim Kochen und/oder beim Essen. Sie können gerne auch selbst singen. Das Singen stärkt die Mitte = Magen und Milz!
- Wenn Sie das Gefühl haben, in Zeitnot zu sein und dass das Kochen Sie jetzt stresst: Nehmen Sie einen tiefen Atemzug, denken Sie an die fertig zubereitete Speise und an den Genuss! Oder an ein anderes, schönes Bild/Erlebnis.
- Danken Sie für die Fülle in der wir leben dürfen!

Jedes Lebensmittel verfügt über mindestens einen Geschmack. In dieser Liste finden Sie ALLE Geschmäcker eines Lebensmittels.

Name	Thermik	Geschmack	Element
Aal	erwärmend	salzig, fett	W
Azukibohnen	neutral	salzig, süß	W, E
Agavendicksaft	neutral bis erwärmend	süß	E
Alfalfa	neutral bis kühlend	bitter, salzig, leicht zusammenziehend	F, W, H
Algen	kalt	salzig	W
Amaranth	kühlend	süß, leicht bitter	E, F
Ananas	kühlend bis kalt	sauer, süß	H, E
Angelikawurzel	erwärmend	scharf, leicht bitter, süß	M, F, E
Anissamen	erwärmend	süß, scharf	E, M
Apfel	kühlend	süß, leicht sauer	E, H
Artischoke	kühlend	bitter, leicht süß	F, E
Aubergine	kühlend	salzig, süß, leicht bitter	W, E, F
Auster	neutral bis kühlend	salzig, süß	W, E
Avocado	kühlend bis kalt	süß, fett	E
Backpulver (Weinstein)	neutral	fad (neutral)	E
Bambussprosse	kalt	sauer, süß, leicht bitter	H, E, F
Banane	kalt	süß	E
Bärlauch	erwärmend	scharf	M
Barsch	neutral bis erwärmend	salzig, süß	W, E
Basilikum	erwärmend	scharf, bitter, leicht süß	M, F, E
Berberitze	kühlend bis kalt	sauer, zusammenziehend	H
Bier, allgemein	kühlend bis kalt	bitter, süß	F, E
Bier, Weizen	kühlend bis kalt	bitter, süß	F, E
Birne	kühlend	süß, leicht sauer	E, H
Biskotten (Vollkorn)	neutral bis erwärmend	süß	E
Bitterorangenschale	neutral bis kühlend	bitter, leicht scharf, leicht süß	F, M, E
Bitterschokolade	erwärmend	bitter, süß	F, E
Blattsalate	kühlend	bitter, süß	F, E
Blumenkohl	neutral bis kühl	süß, leicht bitter	E, F
Bocksdornfrüchte	neutral	süß	E
Bohnen weiß, rot	neutral bis kühl	salzig, süß	W, E
Bohnenkraut	neutral bis erwärmend	scharf, bitter, leicht süß	M, F, E
Borretsch	kühlend bis kalt	bitter, leicht süß, salzig	F, E, W
Brokkoli	neutral bis kühlend	süß, leicht bitter	E, F
Brombeere	kühlend	sauer, zusammenziehend, süß	H, E
Brottrunk	kühlend	sauer	H

Name	Thermik	Geschmack	Element
Brunnenkresse (Kresse)	kühlend	scharf, leicht bitter	M, F
Buchweizen	kühlend	bitter, süß	F, E
Buchweizen/Kasha	leicht erwärmend	bitter, süß	F, E
Bulgur	neutral bis kühlend	sauer, süß, leicht bitter	H, E, F
Butter	neutral bis kühlend	süß, fett	E
Buttermilch	kühlend	sauer, süß	H, E
Cashewnüsse	neutral bis kühlend	süß, fett	E
Cayennepfeffer	heiß	sehr scharf	M
Champignon	kalt	süß und fad	E
Chicoree	kühlend	bitter, süß	F, E
Chilli	heiß	scharf	M
Chinakohl	neutral bis kühlend	süß	E
Cointreau	heiß bis erwärmend	bitter, süß	F, E
Congnac	heiß	bitter, herb	F
Curry	heiß	scharf, bitter	M, F
Dattel	neutral	süß	E
Dill	erwärmend	scharf, leicht bitter	M, F
Dinkel	neutral bis erwärmend	süß, leicht säuerlich	E, H
Eberesche	kühlend	sauer, zusammenziehend	H
Ei (ganz)	neutral	salzig, leicht süß	W, E
Ente	neutral bis kühlend	süß, leicht salzig	E, W
Erbsen, gelb	neutral	süß	E
Erbsen, grün	neutral bis leicht kühl	süß	E
Erdbeere	leicht kühlend	sauer, zusammenziehend, süß,	H, E
Erdnussbutter	neutral	süß, fett	E
Erdnüsse	neutral bis wärmend	süß, fett	E
Erdnussöl	neutral	süß, fett	E
Essig von Sherry	erwärmend	sauer	H
Essig von Obst	neutral bis erwärmend	sauer	H
Estragon	neutral bis erwärmend	bitter, leicht scharf	F, M, H
Fasan	erwärmend	scharf, süß	M, E
Feige	neutral bis erwärmend	süß	E
Feldsalat	kühlend bis neutral	süß, bitter	E, F
Fenchel	erwärmend	süß, scharf, leicht salzig	E, M, W
Fenchelsamen	heiß	süß, leicht scharf	E, M
Forelle	neutral bis erwärmend	salzig, süß	W, E
Frischkäse	kühlend	sauer, süß	H, E
Fruchtsäfte	kühlend	süß, sauer	E, H

Name	Thermik	Geschmack	Element
Fruchtzucker	neutral	süß	E
Frühlingszwiebel	erwärmend	scharf	M
Gans	neutral	süß	E
Garnele	erwärmend	salzig, süß	W, E
Gelatine	neutral	fad (neutral)	E
Gemüsebohnen	neutral	süß	E
Gemüsesäfte	kühlend bis neutral	süß	E
Gerste/gekeimt/Roll-gerste	kühlend	süß, leicht salzig	E, W
Gerstenmalz	erwärmend	süß	E
Getreidekaffee	neutral	süß, bitter	E, F
Ghee	neutral	süß, fett	E
Granatapfel	erwärmend	sauer, süß	H, E
Grapefruit	kühlend bis kalt	bitter, sauer	F, H
Grünkern	neutral	leicht säuerlich, süß	H, E
Gurke	kalt	bitter, süß	F, E
Hafer, Haferflocken	erwärmend	bitter, süß	F, E
Hagebutte	kühlend bis neutral	sauer, leicht bitter	H, F
Haifisch	neutral	salzig, süß	W, E
Hammel	erwärmend bis heiß	bitter, süß	F, E
Hase (wild)	neutral bis kühlend	scharf	M
Haselnüsse	neutral bis erwärmend	süß, leicht bitter, fett, sauer	E, F, H
Heidelbeere	kühlend	sauer, zusammenziehend, süß	H, E
Heilbutt	kühlend bis neutral	leicht salzig, süß	W, E
Hering	neutral bis kühlend	salzig, süß	W, E
Himbeere	leicht kühlend	sauer, zusammenziehend, süß	H, E
Hirsch	erwärmend	scharf, süß	M, E
Hirschhornsalz	neutral	salzig	W
Hirse, Hirseflocken	neutral bis erwärmend	süß, leicht salzig	E, W
Holunderbeere	kühlend bis neutral	bitter, süß	F, E
Honig	neutral	süß	E
Huhn	erwärmend	leicht scharf, süß	M, E
Hühnerleber	neutral bis erwärmend	bitter, süß	F, E
Hummer	neutral bis erwärmend	salzig, süß	W, E
Ingwer, frisch	erwärmend	scharf, leicht süß	M, E
Ingwer, getrocknet	heiß	scharf	M
Joghurt	kühlend bis kalt	sauer, süß	H, E
Johannisbeere	kühlend	sauer, zusammenziehend, süß	H, E
Kaffee	erwärmend	bitter	F

Name	Thermik	Geschmack	Element
Kakao	erwärmend	bitter, süß	F, E
Kaki	kühlend bis kalt	süß, zusammenziehend	E, H
Kalb	neutral	süß	E
Kaninchen	neutral bis kühlend	scharf, süß	M, E
Karambole	kalt	sauer, süß	H, E
Kardamom	erwärmend	scharf, leicht süß und bitter	M, E, F
Karfiol	neutral bis kühlend	süß	E
Karotte	neutral	süß, leicht salzig	E, W
Karpfen	neutral	salzig, süß	W, E
Kartoffel	neutral	süß	E
Käse (Kuh)	kühlend bis erwärmend	süß, sauer, salzig	E, H, W
Kastanie/Marone	erwärmend	süß	E
Kaviar	kalt	salzig	W
Kerbel	kühlend bis neutral	sauer, leicht süß	H, E
Kichererbsen	neutral bis kühlend	salzig, süß	W, E
Kirsche, sauer	kühlend	sauer und süß	H, E
Kirsche, süß	erwärmend	süß, leicht salzig	E, W
Kiwi	kalt	sauer, süß	H, E
Knoblauch	erwärmend bis heiß	scharf, leicht salzig	M, W
Knödelbrot	neutral	süß	E
Kohl, rot u. weiss	neutral bis erwärmend	süß, scharf, salzig	E, M, W
Kohlrabi	kühlend bis neutral	scharf, süß	M, E
Kokosfett	neutral	süß, fett	E
Kokosmilch, Kokosflocken	leicht erwärmend	süß	E
Kokosnuß	kühlend	süß	E
Kopfsalat	kühlend bis kalt	süß, leicht bitter	E, F
Koriander	erwärmend	scharf, bitter, leicht süß	M, F, E
Krabbe	kalt	salzig, süß	W, E
Kräuterseitlinge	neutral	süß	E
Krebs	kalt	salzig, süß	W, E
Kren (Meerrettich)	erwärmend bis erhitzend	sehr scharf, leicht bitter	M, F
Kresse	neutral bis kühlend	scharf	M
Kumin (Kreuzkümmel)	erwärmend	scharf, süß, bitter	M, E, F
Kümmel	erwärmend	salzig, scharf, süß	W, M, E
Kumquat	erwärmend	sauer, süß, scharf	H, E, M
Kürbis	neutral bis erwärmend	süß	E
Kürbiskerne	neutral bis erwärmend	süß, leicht bitter, fett, salzig	E, F, W
Kürbiskernöl	erwärmend	süß, fett, leicht säuerlich	E, H

Name	Thermik	Geschmack	Element
Kurkuma (Gelbwurz)	kühlend	bitter, scharf, zusammenziehend	F, M, H
Kuzu (Wildpfeilwurzelmehl)	kalt	fad (neutral)	E
Lachs	erwärmend	salzig, süß, fett	W, E
Lamm	erwärmend bis heiß	bitter, süß	F, E
Lammniere	erwärmend	bitter, süß	F, E
Languste	erwärmend	salzig, süß	W, E
Lauch	erwärmend	scharf, süß	M, E
Leinöl	kühlend	bitter, süß, fett	F, E
Leinsamen	erwärmend	süß, bitter	E, F
Liebstöckl	erwärmend	scharf/aromatisch, bitter	M, F
Linsen	neutral bis erwärmend	salzig, süß	W, E
Linsen, rot	neutral bis erwärmend	salzig, süß	W, E
Litschi	erwärmend	sauer, süß	H, E
Lorbeerblatt	erwärmend	scharf, bitter, süß	M, F, E
Lotuswurzel	erwärmend	süß	E
Löwenzahn	kühlend bis kalt	sauer, bitter	H, F
Majoran	erwärmend	bitter, scharf, zusammenziehend	F, M, H
Malzzucker	erwärmend	süß	E
Mandarine	neutral bis kühlend	sauer, süß	H, E
Mandarinenschale	erwärmend	bitter, scharf/aromatisch	F, M
Mandeln	erwärmend	leicht bitter, fett, süß	F, E
Mango	kühlend	süß, sauer	E, H
Margarine	neutral bis kühlend	süß, fett	E
Mariendistelsamen	kalt	bitter	F
Marille	erwärmend	süß, sauer	E, H
Marmelade	neutral bis kühlend	süß	E
Mascarino	kalt	süß, fad	E
Meeresschnecke	neutral	salzig, süß	W, E
Melone	kühlend bis kalt	süß	E
Meersalz	erwärmend	salzig	W
Miesmuschel	neutral bis erwärmend	salzig	W
Milch von Schaf u. Ziege	neutral bis erwärmend	süß	E
Milch von der Kuh	neutral bis kühlend	süß	E
Mineralwasser	kalt	salzig, fad	W
Mirabelle	kühlend	süß, sauer	E, H
Miso	neutral bis kühlend	salzig, sauer	W, H

Name	Thermik	Geschmack	Element
Mohn	erwärmend	leicht bitter	F
Most	kühlend	sauer	H
Mungobohnenkeim-linge	kühlend bis kalt	sauer, süß, salzig	H, E, W
Muskatnuss	erwärmend bis heiß	bitter, scharf, zusammenziehend	F, M, H
Nelke	erwärmend	scharf, leicht salzig	M, W
Nudeln (Hartweizen)	kühlend	süß	E
Olive	kühlend bis neutral	bitter, leicht scharf	F, M
Olivenöl	kühlend	süß, fett	E
Orange	kühlend bis kalt	sauer, süß	H, E
Orangenschale	erwärmend	bitter, scharf/aromatisch	F, M
Oregano	erwärmend	bitter, leicht scharf	F, M
Papaya	neutral	süß, leicht bitter	E, F
Paprika, mild	neutral bis erwärmend	bitter, leicht süß	F, E
Paprika scharf	erwärmend	bitter	F
Paprika (Gemüse)	kühlend	süß, leicht scharf, bitter	E, M, F
Paranüsse	neutral	süß, leicht bitter, fett	E, F
Pastinake	neutral bis erwärmend	bitter, süß, scharf	F, E, M
Petersilie	neutral bis erwärmend	zusammenziehend, süß, leicht salzig	H, E, W
Petersilienwurzel	neutral	zusammenziehend, süß, leicht scharf	H, E, M
Pfeffer, grün	erwärmend	scharf	M
Pfeffer, schwarz	heiß	sehr scharf	M
Pfeffer, weiß	heiß	sehr scharf	M
Pfirsich	erwärmend	süß, sauer	E, H
Pflaume	neutral bis erwärmend	süß, sauer, leicht salzig	E, H, W
Piment	heiß	scharf, bitter	M, F
Pinienkerne	erwärmend	süß, fett	E
Pistazien	erwärmend	süß, leicht bitter	E, F
"Plattfische (Heilbutt, Flunder, Seezunge, Rotzunge, Steinbutt)"	kühlend bis neutral	salzig, süß	W, E
Polenta	neutral bis erwärmend	süß	E
Portulak	kühlend	süß, bitter	E, F
Preiselbeere	kühlend bis neutral	sauer, zusammenziehend, süß	H, E
Quinoa	neutral	süß, leicht bitter, salzig	E, F, W
Quitte	kühlend bis neutral	bitter, zusammenziehend	F, H
Radieschen	kühlend	scharf	M

Name	Thermik	Geschmack	Element
Rapsöl	erwärmend	süß, fett, scharf	E, M
Reh	neutral bis erwärmend	scharf, süß	M, E
Reis/allgemein	neutral bis kühlend	süß	E
Reis/Klebreis	erwärmend	süß	E
Reis/Langkorn	neutral bis kühlend	süß	E, M
Reis/Rundkorn	neutral bis kühlend	süß, aromatisch	E
Reis/Vollkorn	neutral bis erwärmend	süß, leicht bitter	E, F
Reis/Wildreis	neutral bis kühlend	süß, bitter, leicht salzig	E, F, W
Rettich	neutral bis kühl	scharf	M
Rhabarber	kalt	sauer, zusammenziehend	H
Rhabarberwurzel	kalt	bitter	F
Rind	neutral bis erwärmend	süß	E
Rinderleber	neutral	sauer, süß	H, E
Roggen	neutral	leicht bitter, süß	F, E
Rohrohrzucker	neutral bis kühlend	süß	E
Rosinen	neutral bis erwärmend		E
Rosmarin	erwärmend	bitter, scharf, leicht zusammenziehend	F, M, H
Rote Rüben	kühlend	bitter, süß	F, E
Rotwein	erwärmend	bitter, herb, süß	F, E
Rucola	neutral bis kühlend	bitter, scharf	F, M
Rum	heiß bis erwärmend	bitter, süß	F, E
Safran	neutral bis kühlend	süß, bitter, scharf	E, F, M
Sahne/Schlagobers	neutral bis kühlend	süß, fett	E
Saibling	neutral	salzig, süß	W, E
Salbei	kühlend	bitter, scharf, leicht zusammenziehend	F, M, H
Salz (Kristallsalz)	kalt	salzig	W
Salzsole	neutral	salzig	W
Sanddorn	kühlend bis neutral	sauer, süß	H, E
Sardine	neutral	salzig, süß	W, E
Sauerampfer	neutral	sauer	H
Sauerklee	kühlend	sauer	H
Sauerkraut	kühlend	sauer	H
Sauerrahm	neutral bis kühl	sauer, süß	H, E
Schlehe	kühlend	sauer, zusammenziehend	H
Schnittlauch	erwärmend	scharf, leicht bitter	M, F
schwarze Bohnen	neutral	salzig, süß	W, E
Schwarzwurzel	kühlend	süß, leicht bitter	E, F
Schwein	erwärmend bis neutral	süß, fett, etwas salzig	E, W

Name	Thermik	Geschmack	Element
Schwein geräuchert (Speck)	heiß	salzig	W
Schweineleber	neutral bis erwärmend	sauer, süß	H, E
Sellerie	neutral bis kühlend	scharf, süß, leicht bitter	M, E, F
Senf	erwärmend	scharf, bitter	M, F
Senfsamen	erwärmend	scharf	M
Sesam, weiß	neutral bis erwärmend	leicht sauer, süß, fett	H, E
Sesam, schwarz	neutral bis erwärmend	süß, fett, salzig	E, W
Sesamöl	neutral bis kühlend	süß, fett	E
Shiitake-Pilze	neutral	süß	E
Shrimps	erwärmend bis heiß	salzig	W
Sojabohnen, gelb	neutral bis kühlend	süß, salzig	E, W
Sojabohnen, schwarz	neutral	süß, salzig	E, W
Soja-Cuisine	kühlend	süß, salzig	E, W
Sojamilch	kühlend bis kalt	süß, salzig	E, W
Sojaöl	neutral bis erwärmend	süß, fett, salzig	E, W
Sojasoße	kühlend	salzig, süß	W, E
Soja-Schnetzel	kühlend	salzig, süß	W, E
Sojasprossen	kühlend	salzig, süß	W, E
Sojatopfen (Tofu ohne Gewürze)	kühlend	süß, salzig	E, W
Sonnenblumenkerne	neutral	süß, fett	E
Sonnenblumenkernöl	neutral bis kühlend	süß, fett	E
Spargel	kühlend bis kalt	bitter, süß	F, E
Spinat	kühlend bis kalt	sauer, süß, leicht bitter	H, E, F
Spirituosen, Liköre, Schnäpse	heiß	sehr scharf, bitter, süß	M, F, E
Stachelbeere	kühlend	sauer, süß	H, E
Staudensellerie	kühlend bis neutral	sauer, leicht süß	H, E
Sternanis	heiß	scharf	M
Sultaninen	erwärmend	süß	E
Süßgetränke, künstlich	kalt	sehr süß	E
Süßkartoffel	neutral	süß	E
Suppenwürze (Bio)	neutral	sauer, leicht süß	H, E
Tee, grün	kühlend	bitter	F
Tee, schwarz	neutral	bitter	F
Thunfisch	neutral bis erwärmend	leicht salzig, süß	W, E
Thymian	erwärmend	bitter, scharf	F, M
Tintenfisch	neutral bis kühlend	salzig, süß	W, E
Tomate	kühlend bis kalt	sauer, süß	H, E

Name	Thermik	Geschmack	Element
Topfen	kühlend bis kalt	sauer, süß	H, E
Topinambur	neutral	süß	E
Traube, frisch (Weintraube)	neutral bis erwärmend	süß, leicht sauer, leicht salzig	E, H, W
Traube, getrocknet (Rosine)	erwärmend	süß	E
Truthahn	erwärmend	süß, scharf	E, M
Vanille	erwärmend bis neutral	süß	E
Vogerlsalat (Feldsalat)	neutral bis kühlend	bitter, süß	F, E
Vollkornbrösel	neutral bis erwärmend	süß	E
Vollrohrzucker	erwärmend	süß	E
Wacholderbeere	erwärmend bis heiß	bitter, leicht scharf, zusammenziehend	F, M, H
Wachtel	neutral bis erwärmend	scharf, süß	M, E
Walnüsse	erwärmend	süß, bitter, fett	E, F
Walnussöl	erwärmend	süß, fett	E
Wassermelone	kalt	süß	E
Weißdornfrüchte	neutral bis kühlend	sauer, zusammenziehend, leicht süß	H, E
Weißwein	kühlend	sauer, süß	H, E
Weizen	kühlend	bitter, süß, leicht salzig	F, E, W
Weizen gekeimt	kühlend bis kalt	sauer, süß, leicht scharf	H, E, M
Weizenkeimöl	kühlend	süß, fett	E
Weizenkleie	kühlend bis kalt	sauer, süß	H, E
Weizenmehl	neutral bis kühl	bitter, süß, leicht salzig	F, E, W
Wildhase/-schwein	neutral bis erwärmend	scharf, süß	M, E
Ysop	neutral bis erwärmend	leicht scharf, bitter, zusammenziehend	M, F, H
Zander	neutral bis erwärmend	salzig, süß	W, E
Ziege	erwärmend bis heiß	bitter, süß, leicht salzig	F, E, W
Käse aus Kuh-, Schafs-, Ziegenmilch	erwärmend	süß, scharf, salzig	E, M, W
Zimtrinde, Zimt gem.	heiß	scharf, leicht süß, leicht salzig	M, E, W
Zitrone	kühlend	sehr sauer	H
Zitronenschale	neutral bis erwärmend	bitter, leicht scharf, aromatisch	F, M
Zucchini	kühlend	süß, leicht bitter	E, F
Zucker, Kandis	neutral bis erwärmend	süß, leer	E
Zucker, weiß	kühlend bis kalt	süß, leer	E
Zwetschken	neutral	süß, leicht salzig	E, W
Zwiebel	kühlend	scharf, süß	M, E

TIPPS INDEX

neu

Claudia Holl

Kochen für die Mitte

Bei Menschen mit einer schwachen Mitte lodert das Verdauungsfeuer/die Verdauungskraft kaum noch und sie haben einen schwachen/langsamen Stoffwechsel. Mit der 5-Elemente-Ernährung kann das Verdauungsfeuer wieder angefacht werden. Claudia Holl zeigt, wie man mit Übungen aus Kinesiologie und Jin Shin Jyutsu, Meditation und vegan/vegetarischen Rezepten nach der 5-Elemente-Lehre die eigene Mitte nachhaltig stärken kann.

ISBN 978-3-99025-107-2

Kontaktaufnahme

Claudia Holl, Kristal Clear Heart

Spirituell-energetische Begleitung, um Dich selbst zu erkennen, zu finden, zu fühlen und zu lieben!

Durch Klarheit und Vertrauen in die eigene Kraft zur Herzöffnung mit Kinesiologie, Jin Shin Jyutsu, Goldenen Herzverbindungen, Meditation, Essenzen, Arbeit mit Engeln und Meistern, TCM und **Ernährung nach den 5 Elementen**

4225 Luftenberg, Österreich
E-Mail: claudia.holl@kch.at
www.kch.at

ISBN: 978-3-99025-106-5

www.freya.at
Layout: freya_art, Daniela Waser
printed in EU

Bildnachweis:
pixel 66 fotolia: 4; Zhang Lei: 6; Grzegorz Wolczyk: 8; Spectral-design: 10; Franz Pfluegl: 12; (alle dreamstime), Texturen: grungetextures.com; restliche Bilder: C. Holl / Freya Verlag KG